Ilka Schneider

Die verborgenen Talente
der Blumen

8 Porträts starker Frauen aus dem alten China

DRYAS

獻給楊默涵

Für Helena Yang

Ohne Titel

Inhalt

Vorwort

von Ilka Schneider

Die chinesische Geschichte ist voll von erstaunlichen Frauen, die bei uns praktisch unbekannt sind. Das hat sehr unterschiedliche Gründe. Erst mal kennen wir überhaupt nur wenige Chinesen aus alter Zeit, seien sie nun männlich oder weiblich. Konfuzius und Laozi fallen einem ein, aber sonst?

Dann ist natürlich die umfangreiche Geschichtsschreibung der Chinesen tendenziös oder, sagen wir, idealisierend. Frauen sollten blumenhaft im Hintergrund stehen und so befinden sie sich folgerichtig auch im Schatten der Historie. Bezeichnenderweise sind Frauenbiografien in der offiziellen Geschichtsschreibung nicht unter den Biografien, sondern unter der Rubrik Geistergeschichten und Kuriosa einsortiert.

Wenn eine Frau nun so extraordinär war, dass man sie nicht verschweigen konnte, ist das nächste Problem die stereotype Überlieferung. Entweder war die Frau ein Ausbund von Gelehrsamkeit, Sanftmut und Gehorsamkeit, extrem pietätvoll gegenüber den Schwiegereltern, besonders treu ihrem Gatten ergeben oder auch von beispielloser Mütterlichkeit. Oder aber sie war maßlos, grausam und lüstern, herrschte, verführte und verdarb, stürzte Männer und Dynastien in den Abgrund. Die Heilige und die Hure auf Chinesisch.

Nach den Grautönen muss man also suchen und Skepsis ist bei jeder Quelle mehr als angebracht. Als Beispiel möchte ich die Kaiserinwitwe Cixi anführen, die als Regentin den Untergang der letzten chinesischen Dynastie begleitete. Die allgemeine Auffassung – West wie Ost – besagte, dass sie ein pompöses, machtgeiles und durch und durch degeneriertes Monster war, was ohne mit der Wimper zu zucken auch über die Leichen ihrer Kinder und Neffen ging und das chinesische Kaiserreich in Gänze und für immer ruinierte. Tatsächlich basieren diese Anschuldigungen auf nachweislich gefälschten Quellen. Trotzdem hält sich dieses Bild bis heute und wird in jedem Reiseführer wieder aufgewärmt. Cixi ist erst gut 100 Jahre tot, eine Zeit für die die Quellenlage also noch recht üppig ist. Auf der anderen Seite sind auch die Interessen, sie derart zu diffamieren, noch nicht so lange tot. Geschichte ist immer Politik und Konvention, eine wirkliche Wahrheit lässt sich da nicht finden. Doch mit ein bisschen Wühlarbeit lassen sich hinter und zwischen den Überlieferungen die Schemen echter Frauen finden. Spürt man ihnen nach, wächst ihnen Fleisch auf den dürren Knochen.

Meine Auswahl der hier beschriebenen acht Frauen beruht auf zwei Grundlagen: Es mussten unterschiedliche Quellen über die jeweilige Frau und die Ereignisse um sie herum vorliegen, um in den Widersprüchen ebenjenes Fleisch zu finden. Außerdem sollten es Frauen aus verschiedenen Zeiten und Berufen sein.

Die Bekanntheit der acht ist in China selbst sehr unterschiedlich. So ist die Generalin Fu Hao vermutlich nur Altertumsinteressierten ein Begriff, während beispielsweise die Dichterin Li Qingzhao zum Schulwissen gehört. Und wirklich jedes Kind kennt die Kaiserin Wu. Sie ist die (in der Regel negative) Heldin so vieler Geschichten, Romane, Erotika, Filme und Serien, dass zumindest ihr Zerrbild tief ins chinesische Gedächtnis eingesunken ist.

Die Chinesinnen heute stehen im Großen und Ganzen natürlich besser da als ihre Ahninnen. Aber der Schatz einer vieltausendjährigen Geschichte ist auch eine Last, die man nicht so leicht abwirft, geschweige denn sortiert. Ich widme das Buch daher einer Vertreterin der kommenden Generation. Helena Yang hat mit ihren zwei Jahren soviel Schalk in den Augen, dass Anlass zur Hoffnung besteht, sie möge sich auch später den Schneid nicht abkaufen lassen.

婦好

1. Fu Hao

商 *Shang-Dynastie (ca. 1600 - 1100 v. Chr.)*

Das Volk der Shang war gut organisiert und modern. Die Aufrüstung mit den brandneuen Bronzewaffen zusammen mit einer klugen Bündnispolitik genügte, um andere noch neolithische Dorfgesellschaften zu unterwerfen und auch die vorhergehende Xia-Dynastie zu besiegen. Schließlich war ihr Reich groß und gefestigt genug, um heute als zweite, historisch belegbare chinesische Dynastie zu gelten.

Unter den Shang wurden Felder bestellt, Bier gebraut und Seide gesponnen. Der Adel, also der Shang-Clan selbst, hatte allerdings Besseres zu tun und füllte seine Zeit lieber mit Krieg, Religion und Jagd. Die Anzahl der Arbeitskräfte für alles Übrige wurde bei Bedarf mit Kriegsgefangenen aufgestockt.

Gegen Mitte der Shang-Zeit begann man, Städte mit Häusern zu bauen, statt wie bisher in Höhlen zu leben. Diesem Wagnis begegnete man mit geopferten Menschen und Hunden, die unter den Türschwellen und Mauern begraben wurden.

Ihre älteste Religionsvorstellung war die Verehrung eines schwarzen Vogels als Totemtier. Wichtigstes Merkmal der Religion der Shang war aber mittlerweile der Ahnenkult. Man glaubte, dass irdisch die lebenden Shang und überirdisch deren Ahnen herrschten. Mittels einer Art schamanischen Tanzes traten Ahnen und Shang in Kontakt. Hatte sich der Tänzer in Trance versetzt, trat ein Shang-Ahne in ihn ein, und so konnte man sich verständigen. Eine andere Methode war das Knochenorakel, der eher amtliche Schriftverkehr zwischen den Welten. Für das Orakel wurden großflächige Knochen mit Hilfe

Schwarzer Vogel

von erhitzten Bronzestäben zum Reißen gebracht. Der König oder andere adelige Priester legten diese Risse und deren Verlauf aus. Für die Nachwelt äußerst erfreulich war der Brauch, das Datum der Kulthandlung, die Frage, die Antwort und das Ergebnis in den Knochen einzuritzen. Die dafür verwendeten Zeichen stellen die Ursprünge der chinesischen Schrift dar. Sie lassen sich zu den heute gebräuchlichen chinesischen Schriftzeichen in Beziehung setzen und so zu einem großen Teil enträtseln.

Für die Beurteilung der Stellung der Shang-Frauen in der Gesellschaft ist die Vererbungsreihenfolge für den Thron interessant. Der Königstitel wurde nämlich nicht nur vom Vater auf den Sohn, sondern auch von Bruder zu Bruder vererbt. Dabei kam es auf den Rang der Mutter an, ob dem König Bruder oder Sohn auf den Thron folgte. Ein Bruderkönig galt allerdings weniger als ein Sohnkönig. Söhne von Konkubinen konnten gar nicht König werden, die Mutter musste schon eine von möglicherweise mehreren Königinnen sein. Das bedeutet, dass es neben dem König auch von den Königinnen abhing, wer den Thron bestieg. In späteren Dynastien änderte sich das, dort musste es sich nur noch um einen legitimen Sohn des Kaisers handeln, was im Rückschluss bedeutet, dass der Rangeinfluss des Vaters den der Mutter immer stärker überschattete. In der nachfolgenden Zhou-Dynastie hieß es abfällig, dass die Shang von ihren Frauen beherrscht worden seien. Das stellt nach dem vorher Gesagten jedoch höchstens eine polemische Übertreibung dar, denn die archäologischen Funde lassen keinesfalls auf matriarchale Strukturen schließen. Im Kern bestärkt diese klar als Schmähung gedachte Feststellung aber die Vermutung, dass Frauen zur Zeit der Shang noch eine relativ angesehene Rolle innehatten. Als Ahnen galten sie bis zum 24. Shang-König immerhin gleichviel. Ab dann wurden die Opfer für männliche und weibliche Vorfahren getrennt und die Ahnin verlor an Wert. Ein Wertverlust, der sich mit Sicherheit unangenehm auf die irdischen Frauen durchschlug.

Die königliche Generalin

um 1200 v. Chr.

1976 machten Archäologen einen sensationellen Fund. Sie stießen auf das über 3.000 Jahre alte, ungeplünderte Grab der Fu Hao. Sie war den Archäologen keine Unbekannte, denn von den Orakelknochen wusste man bereits, dass eine gewisse Fu Hao in der späteren Shang-Dynastie eine nicht unbedeutende Rolle gespielt hatte. Es ist das früheste ungeplünderte Grab, das einer schriftlich überlieferten Person zugeordnet werden kann. Durch die Funde ist einiges über diese Frau aus grauer Vorzeit bekannt.

Fu heißt heute „verheiratete Frau" und könnte hier mit Dame übersetzt werden, denn schließlich gehörte sie der damaligen Elite an. Die Dame Hao also.

Mütterlicherseits stammte sie aus der königlichen Hauptlinie und war zudem mit dem 23. König der Shang verheiratet. Offenbar wurde damals eine ähnliche Heiratspolitik betrieben wie weiland bei den hiesigen Habsburgern. Der König hieß Wu Ding und regierte um 1200 v. Chr. überraschende 59 Jahre lang. Wu Ding hatte jedoch nicht nur eine Gattin, sondern derer drei und darüber hinaus noch etwa 60 Konkubinen. Die Dame Hao war eine der drei Königinnen und teilte sich den zweiten Rang mit der Dame Gui.

Fu Hao war damit zwar Teil des königlichen Harems, aber alles andere als eine Haremsdame. Sie wohnte nicht einmal im Palast, geschweige denn in irgendwelchen inneren Gemächern, sondern auf außerhalb gelegenen Lehngütern. Von dort nahm sie aktiv an Staatsgeschäften teil, schickte Botschafter durchs Land, hielt königliche Audienzen ab und überwachte die Tributabgaben der Grenzre-

Fu Hao

Prunkwagen

gionen an den König. Als Priesterin leitete sie Zeremonien, opferte dem Himmel und den Vorfahren. Auch Exorzismus gehörte zu ihren Aufgaben.

Nach dem Tod seines Vaters musste der König Wu Ding eine dreijährige Trauerzeit einhalten. Diese nutzte er zu einer Rundreise durch die Shang-kontrollierten Gebiete. Fu Hao begleitete ihn und konnte sich so ein Bild von der Geografie des Reiches machen. Ein Wissen, das sich bald als wertvoll erweisen sollte. Denn abgesehen von der damals üblichen Doppelrolle als Priesterin und Königin erfährt man noch von einer anderen, ungewöhnlicheren Betätigung aus den Orakelknochentexten. Die mächtigste und begabteste militärische Führerin der Shang-Dynastie sei sie gewesen, so erzählen es die Knochentexte. Sie war zwar nicht die einzige, denn in den Orakelknochen werden über hundert Frauen verzeichnet, die militärisch aktiv waren. Doch keine reichte nur ansatzweise an den Ruhm und das Können der Fu Hao heran.

Von Ausgrabungen weiß man, dass die Shang über zweispännige Pferdewagen verfügten. Weil es sich um eine damals neue und aufwändige Technologie handelte, wurden sie vermutlich als Prunkwagen der Befehlshaber und nicht als Streitwagen eingesetzt. Die Dame Hao dürfte auf einem dieser kostbaren Wagen in die Schlacht gezogen sein.

Als die Tu an der nördlichen Reichsgrenze mal wieder für Unruhe sorgten, wurde ein Heerführer gesucht, der dieses Volk endlich befrieden, sprich unterwerfen könnte. Fu Hao meldete sich für diese Aufgabe. Sie schlug die Tu vernichtend. Nicht anders erging es den Qian im Nordwesten und den Yi und den Ba im Süden. In einem für diese Zeit unfassbar großen Feldzug hatte sie ein Heer von 13.000 Soldaten ausgehoben und in die Schlacht geführt. Die Shang waren keine friedlichen Bauern, soviel steht fest.

Mutter war die Dame Hao natürlich auch. Ein Text über ihre Niederkunft hat auf einem Orakelknochen die Zeiten überdauert. Dort

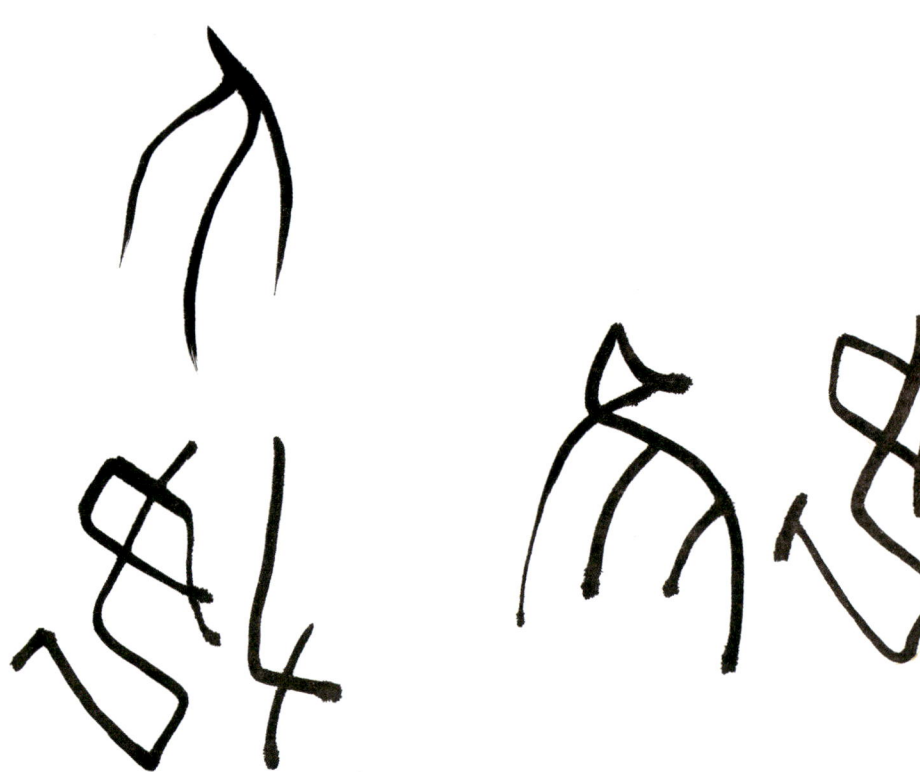

Orakeltext: „Es war nicht gut. Es war ein Mädchen."

heißt es: „Der König sagte in Auslegung der Risse: Wenn die Geburt auf einen Ding-Tag fällt, dann wird es gut. Fällt die Geburt auf einen Geng-Tag, ist es außerordentlich glückverheißend." Als trauriges Ergebnis wurde notiert: „An einem Jiayin-Tag gebar sie. Es war nicht gut. Es war ein Mädchen." Mag es zwar um Ansehen und Einfluss der Frauen in der Shang-Zeit noch besser bestellt gewesen sein als zu späteren Dynastien, so befand sich ihr Stern doch offensichtlich im Sinkflug.

Fu Hao wetzte diese Scharte wieder aus und gebar auch zwei Söhne, über deren Schicksal aber keine gesicherten Erkenntnisse vorliegen. Fu Hao selbst starb früh. Einig sind sich die Quellen darüber, dass es sich um einen sogenannten unnatürlichen Tod handelte. Die einen sagen, sie sei von einem gegnerischen Heerführer getötet wurden, die anderen schreiben von einem Jagdunfall.

Ihr Grab wurde opulent ausgestaltet. Es enthielt Hunderte von Ritualgefäßen und Waffen aus Bronze, Jadefiguren, Knochenhaarnadeln, Tausende von Kaurimuscheln und die vier ältesten chinesischen Spiegel. Die Bronzegefäße wiegen zusammen rund 1,6 Tonnen, das Gewicht eines Mittelklassewagens, nur ungleich wertvoller. Bei den Grabbeigaben handelte es sich vor allem um ihre eigenen Besitztümer, darunter ihre Hochzeitsgeschenke, von ihr gesammelten Antiquitäten, Tributgeschenke anderer Völker und Kriegsbeute. Einige der Bronzegegenstände wurden nach ihrem Tod nur deswegen hergestellt, um sie ihr mit ins Grab zu geben. Diese sind mit ihrem posthumen Titel Muxin beschriftet. Die Ehrenhalle, die über ihrem Grab errichtet worden war, ist natürlich nicht erhalten. Aber die sechs Beschützerhunde unter ihrem Sarg haben die Jahrtausende überdauert.

Bei allem Reichtum unterscheidet sich das Grab wesentlich von den anderen Königsgräbern der Shang. Sie wurde nicht in der Nähe der Shang-Könige begraben, sondern abseits davon, in einem kleineren Areal mit nur mittelgroßen Gräbern. Jing, die erste Königin des Wu Ding hingegen wurde in der königlichen Nekropole begraben. Leider wurde deren Grab geplündert, sodass weitere Vergleiche zwischen den Königinnen nur schwer möglich sind. Nach der Lage ihres Grabes gehörte Fu Hao offenbar nicht zur obersten Elite, obwohl auch sie eine Königin war. Das könnte mit ihrem frühen Tod oder eben damit, dass sie nur Königin zweiten Ranges war, zusammenhängen. Das Grab der Dame Hao hatte nicht wie die Königsgräber Rampen oder eine hölzerne Kammer. Es handelt sich nur um einen gut 20 m² großen unterirdischen Raum. Auch war ihr natürlich keine Lieblingskonkubine mitgegeben worden. Allein war sie trotzdem nicht. Neben den sechs Hunden leisteten ihr 16 Menschenopfer Gesellschaft. Auch dies ist bescheiden im Vergleich. Die Menschenopfer in den Nekropolen der Shang gehen insgesamt in die Tausende. Manche Opfer wurden vorher geköpft, geschlachtet oder verbrannt. Vermutlich handelte es sich um Kriegsgefangene oder Sklaven, was wahrscheinlich auf das Gleiche herauslief.

Man vermutet, dass der Ort des Grabes auf den Rang schließen lässt, der Inhalt des Grabes aber auf die Macht zu Lebzeiten. Zumindest bei Letzterem war es um die Dame Hao nicht schlecht bestellt. Zu Ersterem mag sie als Ahnin einem Trance-Tänzer posthum den Marsch geblasen haben.

班昭

2. Ban Zhao

漢 *Han-Dynastie (206 v. Chr. - 220 n. Chr.)*

China war 221 v. Chr. gerade zum Kaiserreich unter der Qin-Dynastie vereinigt worden, da hatte diese gut zehn Jahre später schon wieder abgewirtschaftet. Der Legende nach war ein Aufstand der Arbeiter an der großen Mauer der Auslöser, weil 900 von ihnen wegen Zuspätkommens hingerichtet werden sollten. Was auch immer der Grund war, der Wachtmeister Liu Bang setzte sich schlussendlich an der Spitze der Aufstände durch und gründete die Han-Dynastie.

Diese gilt als eine der kulturell reichen Dynastien, in der Wirtschaft und Bevölkerung wuchsen. So unterschiedliche Erfindungen wie die des Papiers, der Schubkarre, des Stahls, von Sämaschinen und Pumpen ganz zu schweigen, trieben die Entwicklung an. Dem rigorosen und strafintensiven Legalismus der Qin-Dynastie wurde der Rücken zugekehrt. Der Daoismus verlor mit der Zeit auch an Einfluss, denn nun war Konfuzianismus angesagt. Damit einher ging die sich verfestigende Unterordnung der Frau unter den Mann.

Die strenge Gelehrte

45 - 116 n. Chr.

Die Familie von Ban Zhao gehörte zur Elite der Han-Dynastie. Eine Großtante war kaiserliche Konkubine und ein Großonkel kaiserlicher Beamter gewesen. Wirklich reich an Geld waren sie trotzdem nicht, doch aus der Zeit des verbeamteten Großonkels verfügten sie über einen Schatz anderer Art. Diesem Onkel war nämlich gestattet worden, seltene Bücher aus der kaiserlichen Bibliothek abzuschreiben, wovon er großzügig Gebrauch machte. Und so kam die Familie selbst in den Besitz kostbarer und gefragter Bücher. Ein Besitz, der die Familie unter Gelehrten zu einer äußerst erstrebenswerten Bekanntschaft machte. Die Familie selbst erwies diesem Erbe alle Ehre und hielt die Fahne von Studium und Gelehrsamkeit hoch. Karriere oder gar wirtschaftlicher Erfolg waren demgegenüber nebensächlich.

Der Vater von Ban Zhao und ihre über zehn Jahre älteren Zwillingsbrüder litten also keinen Mangel an Kontakt mit anderen Gelehrten, die im Hause ein- und ausgingen. Diskussionen über Literatur und Politik waren an der Tagesordnung. In diesem anregenden Umfeld wuchs die intelligente Ban Zhao auf. Sie stand ihren männlichen Verwandten in nichts nach und studierte die klassischen Bücher mit Feuereifer.

Familiäre Veränderungen scheinen sie davon nicht wesentlich abgehalten zu haben. Mit 14 Jahren heiratete sie Cao Shishu, von dem nicht viel mehr bekannt ist, als dass er früh starb. Das war feinfühlig gegenüber den Talenten der Ban Zhao. Ob er ihre Studien unterstützte, ihren Enthusiasmus teilte oder womöglich hintertrieb, weiß man nicht. In der relativ kurzen Ehe war zumindest Zeit genug für einen gemeinsamen Sohn und eine ungewisse Anzahl von Töchtern.

Von ihrem Werk ist nur ein Bruchteil überliefert. Aber das, was sich von Ban Zhao bis zu uns erhalten hat, ist moralgetränkt. Als sie ihren Sohn zu seiner ersten Beamtenstelle begleitete, schrieb sie ein Fu, eine Art rhythmische Prosa, für ihn. Sie erzählt von ihren inneren, privaten Gedanken auf der Reise, davon was außen herum geschieht und was sie zu sehen bekommen. Im Endeffekt appelliert sie aber an ihren Sohn, sich höchsten Ansprüchen zu stellen und diesen gefälligst zu genügen. Die Moral von der Geschicht lag ihr sehr am Herzen. Sie war streng mit sich und anderen. Es hat den Anschein, dass ihr großer Intellekt keinen Platz für Humor und si-

Ban Zhao

Rauchopfer

cher keinen für Laisser-faire ließ. Ora et labora war eher die Devise der Ban Zhao.

Ihr Vater, Ban Biao (3 - 54 n. Chr.) war vom Kaiser damit beauftragt worden, das Werk von Chinas berühmtestem Historiker Sima Qian fortzusetzen, der die chinesische Geschichte von den Ursprüngen bis etwa 100 v. Chr. aufgeschrieben hatte. Von da beginnend sollte Ban Biao das Buch der Han schreiben. Sehr weit kam er nicht. Als Ban Zhao etwa neun Jahre alt war, starb er. Ihr Bruder Ban Gu (32 - 92 n. Chr.) trat in die Fußstapfen des Vaters und führte eine neue Systematik für die Geschichtsschreibung ein. Er unterteilte das Buch in Chronik, Tabellen, Abhandlungen und Biografien. Diese Unterteilung wurde modellhaft für alle späteren offiziellen Geschichtswerke. Doch auch Ban Gu konnte die Arbeit am Buch der Han nicht zum Abschluss bringen. Er hatte die falschen Verbindungen und pflegte Umgang mit den falschen Leuten. Das kann gefährlich sein, insbesondere so nah an der Macht. Ihm wurde unterstellt, an einer Verschwörung beteiligt gewesen zu sein und er wurde im Jahr 92 hingerichtet. Interessanterweise färbte der Vorwurf gegen den Bruder nicht auf den Rest der Familie ab, obwohl Sippenhaft eine lange Tradition in China hat.

Trotzdem kam der Zwillingsbruder des Unglücklichen nicht als Nachfolger in Betracht. Ban Chao (32 - 102 n. Chr.) war das schwarze Schaf der Familie. Statt zu lernen, zog es ihn in den wilden Westen Chinas. Seit 20 Jahren sicherte er dort schon trickreich die Grenzen. Dieser brillante Stratege war als Bücherwurm völlig unbrauchbar. Ganz anders die kleine Schwester Ban Zhao. Sie war mittlerweile eine verwitwete Matrone und hatte sich einen Ruf als Dichterin und Gelehrte erarbeitet.

Offenbar fehlte es der späteren Han-Dynastie an geeigneten männlichen Gelehrten, denn ein paar Jahre nach dem Tod ihres Bruders Ban Gu war es soweit. Ban Zhao wurde an den Hof gerufen, um das große Geschichtswerk fertigzustellen. Das war eine große Ehre, aber vor allem ein beispielloser Vorgang. Sie war damit faktisch Hofhistorikerin. Diesen Titel bekam sie als Frau natürlich nicht. Aber trotzdem war sie es. Man muss sich dabei klarmachen, dass die offizielle Geschichtsschreibung sakrosankt war. So war es beispielsweise verboten, ohne kaiserliche Erlaubnis am Buch der Han zu arbeiten. Das hatte ihr Bruder Ban Gu nach dem Tod des Vaters deutlich zu spüren bekommen. Dieser hatte sich nämlich zunächst ohne kaiserlichen Auftrag an die Vollendung des Werkes seines Vaters gemacht. Der Hof bekam Wind davon und ließ ihn umgehend verhaften – eine Art Hochverrat. Nur aufgrund der Intervention seines heldenhaft in der Ferne kämpfenden Bruders und ein paar anderer Amigos wurde der übereifrige Historiker schließlich nicht nur freigelassen, sondern offiziell mit der Fertigstellung des Geschichtswerks betraut. Um einen derart sorgfältig beäugten, sensiblen Bereich der Staatssicherheit ging es da. Geschichte definiert immerhin die Vergangenheit und damit auch Gegenwart und Zukunft.

Wider alle Tradition nahm nun die bald 50-jährige Ban Zhao diese Schlüsselposition ein. Ihr Mann war tot und die Kinder aus dem Haus, sodass sie sich konzentriert an die Arbeit machen konnte. Unterstützt von einem Mitarbeiterstab brachte Ban Zhao das Projekt zu einem Abschluss, nicht ohne dem Buch der Han noch eigens einen astronomischen Teil hinzugefügt zu haben.

Darüber hinaus war sie damit beauftragt, Studenten das Geschichtswerk zu erläutern. Das ist insbesondere deshalb von Bedeutung, weil im klassischen Chinesisch keine Satzzeichen verwendet werden und die Wortart eines Schriftzeichens offen ist. Es könnte ein Verb, ein Substantiv oder sonst was sein. Das ergibt sich nur aus dem Zusammenhang. Um einen klassischen Text sinnvoll lesen zu können, ist daher die Erklärung und Phrasierung durch jemanden, dem das Werk vertraut ist, äußerst hilfreich. Das bedeutet, dass Ban Zhao nicht nur das Geschichtswerk vervollständigte, sondern auch die Interpretationen für die älteren Teile lieferte.

Abgesehen von der Arbeit am und mit dem Geschichtswerk unterrichtete Ban Zhao die junge und wissbegierige Kaiserin Deng (81

Strauß

Mädchen

- 121 n. Chr.), die erst kurz zuvor in den Palast gekommen war. Es war eine fruchtbare Beziehung. Die Kaiserin profitierte von der großen Gelehrsamkeit der Ban Zhao und diese konnte sich wiederum kaiserlicher Protektion sicher sein. Die beiden Frauen scheinen sich trotz des Altersunterschiedes von fast 40 Jahren sehr gut verstanden zu haben.

Weil sie schon mal vor Ort war, wurde Ban Zhao auch als Hofdichterin in Anspruch genommen. So schrieb sie beispielsweise für die Präsentation von Tributgaben und Geschenken an den Kaiserhof Gedichte. Davon ist nur ein Fragment erhalten geblieben, ausgerechnet eines über Strauße, die es damals in Zentralasien noch gab. Hier kommt wieder der fern im Westen lebende Bruder Ban Chao ins Spiel, denn das zu bedichtende Geschenk stammte von ihm. Strauße hatte man in der Hauptstadt noch nie gesehen. Der Hof war entzückt. Ab sofort galten Strauße als Glück verheißend und Ban Zhao dichtete dazu.

Als der Kaiser 106 n. Chr. starb, wurde Ban Zhaos eifrigste Schülerin Kaiserinwitwe und damit faktisch Regentin von China. Ban Zhaos Einfluss nahm daraufhin zu, denn es war nur natürlich, dass sie ab sofort als Beraterin der Regentin fungierte. Mit Ban Zhaos Klugheit im Rücken konnte die Kaiserinwitwe Deng ihre Unabhängigkeit bewahren. Ban Zhao starb über siebzigjährig im Jahr 116. Die Kaiserinwitwe ließ es sich nicht nehmen, höchstpersönlich die Beisetzung zu überwachen und trug Trauer. Die Unterweisung ihrer älteren Freundin wappnete sie, noch weitere fünf Jahre souverän China zu regieren.

Bei aller Kunstferigkeit und Gelehrsamkeit ist für uns heute der erhobene Zeigefinger, mit dem Ban Zhao dichtet, schwer auszuhalten. In ihrem Gedicht „Nadel und Faden" preist sie diejenigen, die es wagen, kritische und mahnende Worte zu sprechen und feiert gleichzeitig weibliche Handarbeit. Im Fu an ihren Sohn weist sie diesen zur Amtseinführung an, Treu und Redlichkeit zu üben. In einer Throneingabe mahnt sie den Kaiser selbst, dass er ihren alten, in

Pflichterfüllung grau gewordenen Bruder endlich nach Hause kommen lassen solle. Zum Besten des Landes natürlich. Das ist alles nicht falsch, hat aber einen Hang zur Propaganda. Insgesamt umfasste ihr Werk 16 Bücher, die von ihrer Schwiegertochter gesammelt und herausgegeben wurden. Die 2.000 Jahre bis heute haben nur wenige Teile überlebt. Ausgerechnet das Traktat „Maßregeln für Mädchen" ist als schweres Erbe für die nachkommenden Frauengenerationen über die Zeiten gekommen.

Ban Zhao hat diesen Text mit Mitte 50 für unverheiratete Töchter geschrieben. Er begründete eine unselige Tradition moralischer Traktate von Frauen für Frauen, in denen die untergeordnete Rolle der Frau nicht nur nicht in Frage gestellt, sondern immer weiter zementiert wurde. Die Diskrepanz zwischen der Stellung und den Möglichkeiten der Ban Zhao und ihren Anweisungen ist enorm. So heißt es darin fast bewundernd, dass in früherer Zeit neugeborene Mädchen ab ihrem zweiten Lebenstag unter das Bett gesetzt wurden und einen Ziegel zum Spielen bekamen. So gewöhnten sie sich gleich an ihre niedrige Stellung und harte Arbeit. Frauen müssten gehorchen, schreibt Ban Zhao, nicht nur ihrem Ehemann, sondern auch den Schwiegereltern, und zwar auch dann, wenn diese im Unrecht wären. Bescheidenes Mittelmaß möge die tugendhafte Frau sein in Sprache, Aussehen und Arbeit. Brav und unauffällig, nicht extraordinär in irgendeiner Hinsicht. Die erneute Ehe einer Witwe sei ausgeschlossen, ja, blasphemisch, denn gibt es nicht nur einen Himmel? Aus irgendeinem Grund wird an dieser Stelle übersehen, dass es auch nur eine Erde gibt. Aber der allumfassende Himmel braucht offenbar etwas zum Umfassen, um existent zu sein, und so wird von einem Witwer eine weitere Heirat erwartet.

Ban Zhao zitiert aus einem inzwischen verloren gegangenen Gedicht: „Schaffe es, einem Mann zu gefallen und Du bist für immer gesichert. Gelingt Dir das nicht, bist Du für immer erledigt." Und: „Eine Frau wie ein Schatten oder ein Echo wird sicherlich gemocht und geliebt." Grausame Zitate, die sie in bester Absicht kolportiert. Immerhin fordert Ban Zhao klar und deutlich Bildung für die Töchter ein, denn wie sollten sie sonst angemessenes Betragen erlernen? Dieser Beitrag war immerhin etwas, auf das spätere Frauengenerationen verweisen konnten, als ihnen auch noch das Lesenlernen vorenthalten werden sollte.

Die Hierarchie zwischen Frauen und Männern hat Ban Zhao natürlich nicht erfunden. Sie bezog sich auf die schon damals alten Klassiker und die Lebensrealität der Elite. Doch hat sie als einflussreiche, unabhängige und hochgebildete Frau nicht unerheblich dazu beigetragen, künftige Frauengenerationen unter die Knute zu bringen.

Man muss dieser außerordentlich gelehrten Frau aber auch zugute halten, dass die Diskrepanz zwischen Werk und Leben vor allem aus unserer Sicht besteht. Bei aller Kritik halte ich Ban Zhao nicht für bigott. Ich glaube, der Text war ihr voller Ernst. Sie hielt sich strikt an ihre eigenen strengen, moralischen Vorgaben in dem Sinne, dass sie zunächst dem Vater, dann dem Ehemann und den Schwiegereltern gehorchte und diente. Aber als alle tot waren, was sollte sie machen? Mit Sicherheit hat sie ihre Aufgaben im Ahnendienst peinlich genau erfüllt. Aber so viel Zeit beansprucht das auch wieder nicht. Eine erneute Heirat kam aus eigener Überzeugung nicht in Betracht. Also stellte sie ihre großen Fähigkeiten in einen neuen Dienst, in den des Kaisers und dann in den der Kaiserin, in den Dienst der Metafamilie. Dass sie dabei ein Werk ihres Vaters und Bruders vervollständigte, zeigt außerdem ihre sich einfügende Haltung gegenüber der Familie. Wenn es darum ging, unermüdlich einen Dienst zu erfüllen, stand sie bei Fuß. So gesehen steht ihr Leben nicht unbedingt im Widerspruch zu ihrem Traktat. Hat sie nicht immer und jederzeit mit Hingabe gedient? Ihr großes Wissen und ihre vielfältigen Talente ihrer Familie und dann der Dynastie gewidmet? Dass ihr Traktat später dazu beitragen würde, Karrieren wie die ihre zu verunmöglichen, wäre ihr sicher im Traum nicht eingefallen. Aber Träume waren ohnehin nicht die Sache der Ban Zhao.

武曌

3. Wu Zhao

唐 *Tang-Dynastie (ca. 618 - 907 n. Chr.)*

Die Tang-Dynastie war eine kulturelle Blütezeit. Gedichte, Porzellan, Malerei und Skulpturen aus dieser Zeit führen noch heute zu ehrfürchtig schwärmerischen Seufzern. Der Austausch mit dem Ausland war intensiv, alles Fremde und damit Exotische wurde begeistert aufgenommen. Insbesondere der Kontakt mit den westlichen Reitervölkern führte dazu, dass auch die chinesischen Frauen mehr Freiheiten genossen. Sie konnten sich scheiden lassen und wieder heiraten, ohne damit einen Riesenskandal auszulösen. Sie zeigten sich modisch gekleidet in der Öffentlichkeit und nahmen an Geselligkeiten und Sportveranstaltungen wie z.B. dem Polospiel teil, und das nicht nur als Zuschauerinnen.

Der Modegeschmack der Tang-Zeit war relativ bodenständig. Bei Männern wie Frauen war eine gewisse Kernigkeit beliebt, mit Betonung auf Muskeln bei den Männern und Rundungen bei den Frauen. Das ätherische Schönheitsideal für beide Geschlechter, die Vorliebe für Blässe, abfallende Schultern, Fragilität und Hypersensibilität, entwickelte sich erst etwa 400 Jahre später.

Auf religiösem Gebiet war der Buddhismus auf dem Vormarsch. Diese fremde, exotische Religion bei der man selbst an seinem Seelenheil basteln konnte, kam den Menschen gerade recht. Trotzdem blieb die Beamtenschaft konfuzianisch ausgerichtet.

Der weibliche Kaiser

624 - 705 n. Chr.

In der über 2.000-jährigen Kaisergeschichte Chinas gab es eine einzige Frau, die selbst Kaiser war. Die mit Huangdi (Kaiser) betitelt wurde und nicht mit Huanghou (Kaiserin). Denn Huanghou bezeichnet nur die erste Gemahlin des Kaisers, also eine Ableitung des Kaisers ohne jegliche Machtkompetenz außerhalb des Palastes. Wenn eine Kaiserin regieren wollte, brauchte sie einen Marionettenkaiser, sei er Sohn, Neffe oder Ehemann, den sie aus dem Hintergrund tanzen lassen konnte. Nur eine Frau schaffte es, ohne Marionette zu herrschen und selbst Kaiser zu werden: Wu Zhao.

Sie wurde vermutlich 624 als zweite Tochter in der damaligen Hauptstadt Chang´an, in der Nähe des heutigen Xi´an, geboren. Ihr Vater war Holzhändler aus einer bedeutenden Beamtenfamilie, ihre Mutter dessen zweite Frau. Mit 13 Jahren wurde sie für den Palastdienst ausgewählt als eine von neun Konkubinen fünften Ranges, die Cairen, Talentierte, genannt wurden. Damit standen noch 32 Frauen in der Rangfolge über ihr.

Ob Kaiser Taizong sie je in seine Gemächer kommen ließ, ist unbekannt, Kinder bekam sie in den folgenden Jahren jedenfalls keine. Sie hatte ein paar haushalterische Pflichten und sonst vor allem die Aufgabe, dem Kaiser zu gefallen. Blöd, wenn man dann nicht in dessen Beuteschema passt. Sie war kaltgestellt. Man kann vermuten, dass diese zwölf Jahre ein gerüttelt Maß an Langeweile, Einsamkeit und Überdruss boten - ausgerechnet die Jahre der ungeduldigen Jugend.

Als der Kaiser Taizong 649 starb, musste Wu Zhao den Palast verlassen. Schließlich ist eine kaiserliche Gemahlin egal welchen Ranges für jeden anderen Mann tabu, selbst dann, wenn sie nie sexuellen Kontakt mit dem Kaiser gehabt hat. Wu Zhao wurde buddhistische

Wu Zhao

Nonne im nahe gelegenen Tempel Ganye. Dort hätte sie nun für den Rest ihres Lebens bleiben müssen. Eigentlich.

Doch beim jungen Kaiser Gaozong lag zu Hause gerade alles etwas im Argen, weil die kinderlose Kaiserin Wang eifersüchtig auf Xiao war, seine derzeitige Favoritin und Mutter seines Sohnes. So ließ sich der junge Kaiser auf einer Pilgerreise in das Kloster gerne von Wu Zhao ablenken und entbrannte in Leidenschaft für sie. Wenn zwei sich streiten, freut sich die Dritte, denn der Kaiser holte Wu Zhao in den Palast zurück. Der Kaiserin war das nur Recht. Schließlich bedeutet eine neue Leidenschaft ein Abflauen der alten. Offenbar dachte die Kaiserin, sie könnte das kleine Nönnchen, das zur Konkubine zweiten Ranges ernannt wurde, besser kontrollieren. Ein fataler Irrtum.

652 gebar Wu einen oder vielleicht auch zwei Söhne und das kaiserliche Interesse an ihr ließ und ließ nicht nach. Die Kaiserin Wang musste einsehen, dass sie vom Regen in die Traufe gekommen war und verbündete sich in ihrer Not mit der ursprünglichen Erzfeindin Xiao. Der Machtkampf im inneren Palast spitzte sich zu. Doch Wu war die bessere Taktikerin. Während sich die hochmütige Kaiserin viele Feindinnen unter den zahlreichen Konkubinen und Dienerinnen gemacht hatte, war Wu Zhao, als auch nicht gerade machtlose Favoritin des Kaisers, freundlich und verbindlich. Dadurch war sie mit einem Heer von Spioninnen ausgestattet. Die ganze Unterstützung, die die Kaiserin Wang durch ihren einflussreichen Clan und die mächtigen Minister genoss, sollte ihr nichts nützen.

654 ergab sich eine Gelegenheit für Wu. Oder zumindest ergab sich für die Geschichtsschreiber eine Gelegenheit, aus Wu Zhao ein Monster zu machen. Ihnen zufolge besuchte Kaiserin Wang die neugeborene Tochter Wu Zhaos. Kaum war sie wieder gegangen, erstickte Wu Zhao das Kind. Als der Kaiser vorbeikam, präsentierte Wu ihm seine Tochter und tat so, als hätte sie dabei erst deren Tod bemerkt. Die Nachforschungen ergaben, dass zuvor die Kaiserin bei ihr gewesen war und der Kaiser zog daraufhin den beabsichtigten

Nonne

Vor dem Palast

Schluss. Das kann natürlich alles sein, wirklich wahrscheinlich ist es trotzdem nicht. Kindsmord wäre schon ein extrem hoher Einsatz für eine äußerst verwickelte Intrige. Wu war mit Sicherheit skrupel- und rücksichtslos und hatte Lehrjahre im kaiserlichen Harem hinter sich. Aber wieso sollte sie sich derart selbst schädigen, wenn es doch viel einfacher ging? Mindestens genauso wahrscheinlich oder eben unwahrscheinlich ist es daher, dass die kinderlose Kaiserin Wang tatsächlich in einem Anfall von Eifersucht das Kind getötet hat. Aber ausgerechnet ein Mädchen? Auf die Söhne kam es schließlich an, nicht auf die Töchter. Denkbar ist auch, dass das Kind den plötzlichen Kindstod starb, was Wu wissentlich oder unwissentlich nutzte. Der Vorwurf der Kindstötung wurde jedenfalls gegen keine von beiden öffentlich je erhoben. Vielleicht hat es dieses Kind auch nie gegeben. Der Überlieferung zufolge beschloss der Kaiser nach diesem Vorfall, die Kaiserin Wang ihres Titels zu entheben und Wu zu seiner Kaiserin zu machen.

Gegen den erheblichen Widerstand fast aller Oberminister wurden die Kaiserin Wang und ihre Verbündete Xiao im Jahr 655 ihrer Adelstitel enthoben. Von einem toten Kind war dabei nicht die Rede, sondern von einem geplanten Giftattentat auf den Kaiser selbst. Na also, geht doch. Dafür braucht man doch nicht sein eigenes Kind umzubringen. Es war ohnehin viel eleganter, wenn der Kaiser annahm, dass es um sein eigenes Leben ging. Wu hatte die erste Hürde genommen. Sie wurde Kaiserin und ihr Sohn Li Hong Erbprinz. Ihre Widersacherinnen ließ sie äußerst blutig hinrichten und soll sich ihr Lebtag lang vor deren Geistern gefürchtet haben.

Für die Minister, die sich vehement gegen den Kaiserinnenwechsel ausgesprochen hatten, brachen schwere Zeiten an: Sie wurden verschiedener Konspirationen beschuldigt und auf weit entlegene Posten geschickt oder gleich ganz verbannt. Wu nahm ab sofort im Hintergrund des Thronsaals durch einen Vorhang verborgen an den Audienzen teil. Doch dort blieb sie nicht lange. 660 hatte der körperlich eher schwache Gaozong einen Schlaganfall, wovon er nur mühsam genas. Zur Stelle war Wu Zhao, die sich auf Politik und

Taishan

Manipulation ohnehin besser verstand als er. Wu rückte vor und saß im Thronsaal nun neben Gaozong, wenn auch immer noch hinter einem Wandschirm. Gegen Ende des Jahres regierten sie faktisch gemeinsam. Der mittelalterlichen Doppelspitze wurde 662 ein weiterer Sohn, Li Dan, geboren und 664 Prinzessin Taiping. In dieser Zeit reichte das Tang-Reich vom Meer im Osten bis nach Persien im Westen.

Das musste gefeiert werden. Gaozong und Wu planten, ein Feng- und Shan-Opfer abzuhalten, eine uralte Zeremonie an den Himmel und die Erde, die das letzte Mal 56 n.Chr. abgehalten worden war. Neben dem Dank für empfangene Gaben teilt man dabei Himmel und Erde mit, dass die kaiserliche Arbeit erfolgreich ist. Es gehört schon ein Hang zur Größe dazu, eine Opferzeremonie zu planen, die vor 600 Jahren das letzte Mal abgehalten wurde und bei der sich der Opfernde selbst auf die Schulter klopft. Nach der Rekonstruktion des antiken Ablaufs, konnte es am Neujahrstag des Jahres 666 endlich losgehen. Eine gewaltige Prozession machte sich auf den vier Monate dauernden Weg zum Taishan, dem östlichen heiligen Berg. Das Opfer an die Erde war laut Protokoll durch einen Minister auszuführen. Wu Zhao gab jedoch zu bedenken, dass sich das Shan-Opfer an die weibliche Erde richte und daher sie, die Kaiserin, es vornehmen müsse. Wer hätte ihr da widersprechen wollen? Und so nahm sie aktiv am höchsten und seltensten aller Staatsopfer teil. Himmel und Erde waren ihr gewogen.

Kaum zurück nahm Wu Zhao eine weitere, nahezu feministische Veränderung vor und glich die Trauerzeit für Mütter der für Väter an, verlängerte sie also von einem auf drei Jahre. 675 starb Li Hong, der beliebte Kronprinz, mit Anfang 20 auf einem Familienausflug. Die Chronisten geben keine Todesursache dafür an. Doch 200 Jahre später wird kolportiert, die Kaiserin habe den Kronprinzen getötet. Was hätte sie davon gehabt? Der Kaiser, zahlreiche Prinzen und das Patriarchat standen zwischen ihr und dem Thron. Tatsächlich war Li Hong wie sein Vater von äußerst zarter Gesundheit und litt an Tuberkulose.

Im Laufe des Jahres verlor sie noch zwei weitere Söhne. Diese wurden wegen verräterischer Umtriebe verbannt. Zumindest bei einem von ihnen war der Vorwurf nicht unbegründet und dieser ließ sich auch von der dringenden Aufforderung zum Selbstmord überzeugen. Der andere durfte im Exil am Leben bleiben.

Acht Jahre nach dem Tod des ersten Kronprinzen starb der schon lange leidende Gaozong. Ihm zu Ehren schrieb Wu eine 8.000 Zeichen lange Eloge, die in eine Steinstele gemeißelt und an seinem Grab aufgestellt wurde. Zu diesem Zeitpunkt war die nun 60-jährige Wu seit einem Vierteljahrhundert in die Staatsbelange eingebunden. Aber natürlich wurde nicht sie Kaiser von China, sondern ihr vergeistigter Sohn Li Dan. Der war zwar schon 21, aber wegen seiner drei oder vier älteren Brüder nie für diesen Posten ausgebildet worden. Auch fehlte ihm wohl der Wille zur Macht. Wu Zhao sprang ein und übernahm die Regentschaft. Der Vorhang kam endlich weg und sie präsidierte ab sofort offen. Natürlich waren nicht alle einverstanden. Wozu braucht man eine Regentin, wenn der Kaiser volljährig und bei Verstand ist? Eine Schlacht der Omen begann. So sollte beispielsweise das Erscheinen einer Kröte mit Schriftzeichen auf dem Rücken beweisen, dass Wu Zhao die Krankheit ihres Gatten verursacht hatte. Auf der anderen Seite konnte mit dem Erscheinen eines glückbringenden Phönix´ die Billigung des Himmels für die weibliche Regentin bewiesen werden. So ging es hin und her. Zuweilen wurde die Kritik auch handgreiflicher, aber alle Putschversuche und Aufstände konnten leicht niedergeschlagen werden, denn es fehlte ihnen die Unterstützung der Bevölkerung. Das lag daran, dass Wu Zhao eine im Wesentlichen volksfreundliche Politik betrieb.

Unter anderem ließ sie einen frei zugänglichen Bronzebehälter für Beschwerden und Selbstempfehlungen aufstellen. Wer nicht schreiben konnte, hatte das Recht auf einen kostenfreien Schreiber. Dieser kaiserliche Kummerkasten und Wus Kritikfähigkeit waren einzigartig, verkamen allerdings immer mal wieder zu einem Pfuhl der Verleumdung und Denunziation.

Kröte

Der Buddhismus verdankt Wu Zhao eine Blütezeit in China, auch wenn die konfuzianischen Beamten das nur sehr ungern sahen. Wu unterstützte die Übersetzung von Sutren und Kommentaren in großem Stil, etablierte buddhistische Feste und nahm die Religion ausdrücklich unter ihren Schutz. Unter anderem ließ sie den Buddhagrotten in Luoyang neue Statuen hinzufügen. Die 50 Meter hohe Vairocanastatue steht heute noch dort und trägt angeblich das Gesicht der Kaiserin.

Wu Zhao wird gerne als Dame mit gewaltigem sexuellem Appetit dargestellt. Gerade in der Ming-Zeit war sie ein beliebtes Topos für Erotika. Aber selbst die missgünstigsten Historiker berichten nicht davon, dass sie schon während ihrer Ehe mit Gaozong unziemliche Verhältnisse gehabt haben soll. Eine sextolle, abgefeimte Kinds- und Gattenmörderin ja, aber eine Ehebrecherin dann doch nicht. Nach dem Tod des Kaisers hatte sie ein Verhältnis mit Xue Huaiyi, einem Straßenverkäufer von Heilpräparaten, den sie zum Abt des Klosters zum Weißen Pferd ernannte, damit er nicht aus Schicklichkeitsgründen kastriert werden musste. Im Jahr 697, also rund 15 Jahre später, legte sie sich mit den Brüdern Zhang zwei neue Favoriten zu. Ob es diese oder andere Affären nun gab oder nicht: Im Vergleich zum sexuellen Gemischtwarenhandel den sich die männlichen Kaiser im Einklang mit der Tradition einrichteten, kann man Wu Zhao nur äußerste Zurückhaltung und Bescheidenheit in ihrer 20-jährigen Witwenschaft attestieren.

Wu Zhao war mit Sicherheit eine facettenreiche Person, aber trotz aller Volksfreundlichkeit und tendenziöser Geschichtsschreibung, darf eine Facette nicht unterschlagen werden. Nämlich die, dass mit ihr nicht gut Kirschenessen war. Ab 684 wurde sie zur Kaiserin des Terrors. Man kann ihr zugute halten, dass die von ihr installierten Folterbeamten nur hohe politische Feinde und kaiserliche Verwandte angingen und die normale Bevölkerung unbehelligt ließen. Terror war es gleichwohl. Zahlreiche Funktionäre fielen Wu Zhaos Intrigen zum Opfer. Sie war eine Frau und sie wollte den Thron. Das war im traditionsbewussten China nicht vorgesehen. Folglich gab es viele

Hofdame

Tänzerin

Gegner, die es zu überwinden galt. Sie wollte den Thron nicht ohne Grund, denn sie war eine der fähigsten Politikerinnen der gesamten Dynastie und auf jeden Fall geeigneter als ihr zweiter Mann oder ihre Söhne, inklusive des aktuellen, verträumten Kaisers. Als Frau musste sie mit harten Bandagen kämpfen, vielleicht zum größeren Wohle des Volkes. Aber heiligt der Zweck die Mittel? Das hängt wahrscheinlich auch vom jeweiligen Zweck und Mittel ab. Die von Wu Zhaos Beamten erfundenen und mit poetischen Titeln verbrämten Foltermethoden waren jedenfalls von ausgesuchter Grausamkeit und ihre Schergen wurden legendär. Das Volk, fern von Hoftratsch und Folter, war zufrieden oder zumindest zufrieden genug. Wirtschaft und Bevölkerung wuchsen.

Im Jahr 690, sinnigerweise am 9.9., dem Tag, an dem nach chinesischem Glauben das männliche Yang in das weibliche Yin übergeht, war es soweit. Wu Zhao bestieg im Alter von 66 Jahren als Kaiser den Drachenthron. Eine Frau war Kaiser von China. Li Dan dankte dankend ab. Er war vermutlich tatsächlich froh darüber. Wu Zhao rief die Zhou-Dynastie aus. Abgesehen davon, dass sie mit Titeln für ihre Verwandtschaft um sich warf, förderte sie den Handel, baute die Infrastruktur aus und verfolgte eine liberale offene Politik gegenüber nicht-chinesischen Minderheiten. Probleme an den Grenzen wurden mit einer Mischung aus Diplomatie und militärischer Gewalt behoben oder befriedet, wofür sie sich vieler nicht-chinesischer Generäle bediente. Zählt man die Tribut zahlenden Staaten hinzu, spannte sich ihr Einflussgebiet von Korea bis Persien, von den nördlichen Khitan und Turkvölkern bis zum heutigen Laos.

Wu führte 18 neue Schriftzeichen ein, inklusive eines für ihren Namen. Dies war so selbstherrlich wie umsichtig, denn sie hieß Zhao, 照, (Leuchten), ein häufig benutztes Zeichen. Doch der persönliche Name eines Kaisers war tabu und durfte im Alltag nicht verwendet werden. Also nannte sich Wu weiter Zhao, schrieb dies aber mit dem neuen Zeichen 曌 (Sonne und Mond über dem All) und drückte damit aus, dass sie zugleich Mutter und Vater des Landes war.

Es war eine farbenfrohe Regierungszeit voller Feste. Wu Zhao hatte viel übrig für Ästhetik und ein Gefühl für Drama. So schmiss sie beispielsweise im Jahr 692 eine Party, um zu feiern, dass ihr, der 68-jährigen, gerade ein paar Zähne nachgewachsen waren. Gleichzeitig stopfte sie damit auch einigen Kritikern das Maul, denn sie gehörte ganz offensichtlich noch lange nicht zum alten Eisen. Auf den Festen wurden Tänze mit mehreren hundert Tänzern und ausgefeilten Choreografien dargeboten.

Neben ihrem Hang zu Pomp und Religion vergaß sie die Schwarzköpfe, das chinesische Volk, nicht. Sie gründete Staatsfarmen für das Militär, um die Bauern zu entlasten und ließ große Getreidespeicher für Hungersnöte bauen.

697 war der Spuk ihrer Terrorbeamten vorbei. Wu Zhao brauchte sie nicht mehr und so stolperten sie kurzerhand über ihre eigenen Intrigen.

Aber auch für Wu Zhao gab es keine Ewigkeit. Mochten ihr noch so viele Zähne nachwachsen, sterblich war sie doch. Wie sollte es weitergehen mit der Zhou-Dynastie? Wer könnte ihr Nachfolger werden? Jemand aus ihrem Clan, also ein Neffe Wu? Oder einer von den Lis, also einer ihrer Söhne? Ein Wu würde seinem Vater die Ahnenopfer darbringen, nicht seiner Tante. Ein Li würde die Tang-Dynastie reinstallieren. Eine singuläre Frau machte im Patriarchat keinen Sinn. Schließlich ernannte sie ihren verbannten Sohn Li Xian wieder zum Nachfolger. Damit entschied sie unausgesprochen, dass die Zhou-Dynastie mit ihr enden würde.

Nach 700 zog sich Wu Zhao weitgehend von der Tagespolitik zurück. Ob ihr die Klarsicht oder nur die Energie abhanden gekommen war, weiß man nicht. Jedenfalls übergab sie ihren Liebhabern Zhang immer mehr Kompetenzen. Die entfremdeten sie wiederum von ihren Ministern. Das konnte nicht lange gut gehen. Die Stimmung kippte und Wu merkte in ihrer Abgeschiedenheit nichts davon. Wenige Tage nach dem Neujahrsfest 705 suchte der konfuzianische Hof sein Heil im präventiven Erstschlag gegen einen mutmaßlichen Putsch der Zhangs. Der dafür unentbehrliche Kronprinz Li Xian wurde mit einigem Aufwand in das Komplott hineingequatscht. Die Verschwörer versammelten sich vor dem Palast, drangen ein und töteten ohne viel Federlesen die Zhang-Brüder. Die kranke Kaiserin kanzelte ihren gut 50-jährigen Sohn und die Minister noch ordentlich ab, aber es half nichts. Sie musste abdanken. Li Xian wurde Kaiser und machte sich umgehend an die Restauration der Tang-Dynastie. Alle Reformen seiner Mutter wurden rückgängig gemacht. Es sollte so aussehen, als hätte es die Zhou-Dynastie nie gegeben, als wäre Wu Zhao zwar Regentin als Kaiserinwitwe gewesen, nicht aber Kaiser. Natürlich schaffte er auch die neuen Schriftzeichen ab. Versehentlich machte er sie dadurch einzigartig. Eine Stele, ein Text aus der Zeit in der Wu Zhao Kaiser war, ist anhand jener Zeichen sofort zu erkennen. Zwar verschwanden sie aus dem Alltagsgebrauch, doch sie künden deutlich von der Zeit des weiblichen Kaisers.

Erst nach ihrer Abdankung erhielt Wu Zhao den Ehrennamen, unter dem sie bekannt ist: Zetian 则天, dem Himmel entsprechend. Das klingt bewundernd, doch sie selbst stand unter Hausarrest. 45 Jahre der Macht waren vorbei.

Kein Jahr später, am 16.12.705 starb Wu Zhao im Alter von 81 Jahren. Auf ihren Wunsch hin wurde sie neben ihrem zweiten Mann Gaozong bestattet, obwohl dies eine Störung seiner Totenruhe bedeutete. Es ist das einzige Grab Chinas, das zwei Kaiser beherbergt.

Starke Frauen aus ihrem Umfeld, ihre Schwiegertochter Kaiserin Wei, ihre Tochter Prinzessin Taiping, ihre Privatsekretärin Shangguan Wan'er und ihre Enkelin Prinzessin Anle rangen nach ihr um die Macht. Vielleicht fehlte ihnen das Können oder einfach nur das Glück von Wu Zhao, jedenfalls schaffte es keine von ihnen auf den Kaiserthron. Stattdessen holte das Patriarchat zum Gegenschlag aus. Die freie Steppenluft verschwand, die Fremden wurden wieder Barbaren, der Buddhismus musste unter einigen Pogromen erst mal den Kopf einziehen. Es sollte wieder ordentlich chinesisch zugehen.

Wie für Gaozong wurde auch für Wu Zhao eine Stele auf dem Geisterweg zu ihrem Grab aufgestellt. Entgegen der Tradition blieb sie leer. Ihr Sohn schrieb keinen Text für sie.

魚玄機

4. Yu Xuanji

Die zornige Kurtisane

844 - 868 n. Chr.

Kurtisanen gehörten schon lange zur chinesischen Kultur, doch in der Tangzeit nahm ihre Anzahl langsam überhand. Praktisch jeder Beamte oder wohlhabende Gelehrte hielt sich mindestens ein Singmädchen. Diese Singmädchen konnten, anders als Ehefrau und Konkubinen zu Gelagen mitgenommen werden, wo sie zur Unterhaltung beitrugen. Sie waren Eigentum des Hausherren, der sie auch verschenken oder verkaufen konnte. Eine Kurtisane, die nicht zu einem Haushalt gehörte, musste sich offiziell registrieren lassen und durfte das Bordellviertel nur zu speziellen Anlässen verlassen. In der Hauptstadt Chang´an, einer Millionenstadt und damit der größten Stadt der damaligen Welt, lag dieses Viertel zentral zwischen dem Kaiserpalast und dem turbulenten Ostmarkt.

Kurtisanen waren in erster Linie Künstlerinnen, ausgebildet in Literatur, Dichtung, Malerei und Musik. Sie wurden von den Herren der Elite zu Banketten geladen oder luden selbst ein, um Darbietungen ihrer Kunst zu geben. Ihre Aufgabe war eher sozial als sexuell. Schließlich hatten die Männer, die sich eine Kurtisane leisten konnten, schon mehrere Frauen zu Hause. Ihnen oblag dort nicht nur die Pflicht, für Nachkommen zu sorgen, sondern auch die, alle gleichmäßig sexuell zu befriedigen.

Bei den Kurtisanen entfiel das verpflichtende Element und es ist wahrscheinlich, dass bei diesen Beziehungen oft das Platonische, Intellektuelle und Schwärmerische im Vordergrund stand. Der Austausch von Gedanken und Gefühlen im künstlerischen Dialog und dies stets verbunden mit dem Genuss von großen Mengen Alkohol.

Kurtisane oder Prostituierte wurde man durch Geburt, als Kriegsbeute oder als Angehörige eines zum Tode Verurteilten. Das Verkaufen von bürgerlichen, also frei geborenen Mädchen an die „Blumenhäuser" war verboten, aber vermutlich nicht selten. Zum Ende der Tang-Zeit grassierten politische und soziale Unsicherheit, Korruption und Missmanagement. Die Gesetzestreue hielt sich in Grenzen.

Kurtisanen hatten immerhin die Möglichkeit des öffentlichen Auftritts und eines vergleichsweise freizügigen Lebensstils. Auch ermöglichte ihnen der Beruf, sich intensiv den Künsten zu widmen. Doch selbst die gefeiertesten, umworbensten und teuersten Kurtisanen waren nicht frei. Wollte eine von ihnen die Bordelle und Vergnügungsviertel hinter sich lassen, gab es nur einen Ausweg: Ein Verehrer, der sie freikaufte und heiratete, musste her.

Eine dieser Blumen war Yu Xuanji. Etwa 844 wurde sie im Vergnügungsviertel geboren oder dorthin verkauft. Da sie schon früh literarisch gebildet war, ist anzunehmen, dass sie in einem Kurtisanenhaus und nicht in einem einfachen Bordell aufwuchs. Ihr Kurtisanenname Huilan 蕙蘭 bedeutet Orchidee, ein Name, der in der chinesischen Blumensymbolik eher Eleganz als Fleischlichkeit andeutet.

Mit 13 Jahren begannen die Mädchen, Gäste zu empfangen und zu unterhalten. In diesem Alter wurde Yu Xuanji von dem Examenskandidaten Li Yi und dessen Freund Wen Tingyun besucht. Letzterer war ein Bohemien, der für seine Skandale mindestens so berühmt war wie für seine Gedichte.

Li Yi verfiel Yu Xuanjis Reizen und Künsten, und kaum war sie in die Öffentlichkeit getreten, geschah das Wunder: Er löste sie aus und nahm sie im Jahr 858 zu seiner Konkubine, also zur Nebenfrau. Mit dem bestandenen Examen in der Tasche machte er sich mit ihr auf

Yu Xuanji

Orchidee

den Heimweg in die Provinz Shanxi. Aus ihren Gedichten dieser Zeit kann man schließen, dass Yu Xuanji sehr in ihren Gatten verliebt war.

Doch schon bald musste sie erfahren, dass das Konkubinat kein sicherer Status mit Aussichten war. Die Erstfrau, die seit Jahren zuhause auf Li Yis Rückkehr gewartet hatte, soll von dem metropolitanen Mitbringsel wenig begeistert gewesen sein. Vermutlich hat sich auch die leidenschaftliche und trubelgewohnte Yu in diesem ehrbaren, alteingesessenen Haus in der Provinz nur schwer eingelebt. Es ist anzunehmen, dass sie ein bestrickender, aber auch anstrengender Charakter war. Ein wirklich harmonisches Familienleben stellte sich jedenfalls nicht ein.

Ehefrauen genossen einen gewissen Scheidungsschutz. Die Scheidung musste begründet werden, beispielsweise mit Ehebruch, Kinderlosigkeit oder Ungehorsam. Bei einer Konkubine aber waren für eine Trennung keine Gründe erforderlich. Man konnte sie einfach vor die Tür setzen. Nach knapp zwei Jahren Ehrbarkeit war es mit der Heimeligkeit vorbei und Li Yi trennte sich von Yu Xuanji. Ob der Grund die Eifersucht seiner Ehefrau war oder ob er Yu einfach satt hatte, weiß man nicht. Ende 859, Anfang 860 erhielt Li Yi jedenfalls eine Berufung in das südlich gelegene Yuezhou und nahm Yu ein Stück mit. In Ezhou am Jangtse verließ er sie dann schnöde. Womöglich gab er sie in die Obhut seines langjährigen Freundes, des skandalösen Wen Tingyun, denn der notorische Tunichtgut und die sitzengelassene Konkubine traten in einen intensiven Gedichteaustausch, aus dem sich Rückschlüsse über den Verlauf ihrer Geschichte ziehen lassen. Li besuchte Yu wohl noch dann und wann, aber da sie ihn ihren Gedichten nach immer noch liebte, konnte ihr das nicht genügen. Nach verwarteten Monaten sah sie endlich der hässlichen Wahrheit ins Gesicht. Ihre Rolle als Nebenfrau war ausgespielt und ihre große Liebe fand kein Echo mehr. Aus finanziellen Gründen oder auch aus Langeweile nahm sie ihr Leben als Kurtisane in Ezhou wieder auf.

Gelage

Kurtisane

Yu lebte nun ohne festen Rahmen, ohne zugewiesenen Platz in einer Art Ständegesellschaft. Sie stand am Rand und gehörte nirgends dazu. Das dürfte ihr zu denken gegeben haben. Sie begann, sich ernsthaft mit dem Daoismus zu beschäftigen. Neben aller Einsamkeit äußerte sie in ihren Gedichten auch Freude an sich selbst, an der Natur und an der Freiheit. Auch soll ihre Kurtisanen-Ich-AG in Ezhou sehr erfolgreich gewesen sein.

Trotzdem war die Provinz auf Dauer nichts für sie. Sie wollte zurück in die Großstadt und machte sich 862/863 auf den Heimweg nach Chang'an, vermutlich wiederum begleitet vom Hallodri Wen. Doch dort erwartete sie eine unangenehme Überraschung. Die Lücke, die sie im schnelllebigen Chang'an vor etwa fünf Jahren hinterlassen hatte, war längst wieder geschlossen. Ihr Ruhm war verpufft, ihr Name vergessen. In einem Gedicht schreibt sie, dass sie ihre kostbaren Kleider versetzen musste, um sich zu finanzieren. Von der gefeierten Kurtisane, der es sogar gelungen war, einen Ehemann zu ergattern, war der Lack ab. Mit 19 Jahren fand sie sich allein, ohne Rückhalt und mehr oder weniger mittellos wieder.

Schließlich trat sie in das daoistische Nonnenkloster Xianyiguan ein, das nur zwei Blocks südlich ihres früheren Heimatviertels gelegen war. Dort erhielt sie den Ordensnamen Xuanji, tiefer Ursprung. Um Nonne werden zu können, musste sie zunächst eine Bescheinigung darüber erlangen, dass sie die Lehre bis zu einer gewissen Tiefe verinnerlicht hatte. Auch wenn diese Zertifikate damals gekauft werden konnten, zeigen ihre Gedichte, dass sie das wohl nicht nötig hatte.

Sowohl buddhistische als auch daoistische Klöster hatten zum Ende der Tangzeit einen eher zweifelhaften Ruf. Sie beherbergten nicht nur fromme Frauen, sondern im Prinzip alle Arten von „eigentümerlosen" Frauen, wie Witwen, Waisen und Geschiedene. Frauen, die schlicht sonst keinen Ort hatten, wohin sie hätten gehen können. Einige von ihnen suchten nicht nur Schutz und Obdach, sondern nutzten das Kloster auch als Basis für ihr Erwerbsleben, beispielsweise als Kurtisanen. Sie konnten sich allerdings nicht als solche registrieren lassen, denn Registrierungen waren nur in Bordellvierteln möglich. Sie arbeiteten also illegal.

Auch Yu war nun eine illegale Kurtisane im Xianyiguan. Dies war für sie mit Sicherheit ein sozialer Abstieg und womöglich eine Vorstufe zur bloßen Prostitution. Andererseits war sie ungebunden und niemandem verpflichtet, was ihrem Charakter eher entsprochen haben mag. In den Klöstern wurden fröhliche Gelage abgehalten, der Alkohol floss in Strömen und die Klöster verdienten gut daran. Das war natürlich kein angemessenes Betragen für eine daoistische Nonne, auch wenn der Daoismus im Vergleich zu Konfuzianismus und Buddhismus weniger prüde ist. Trotzdem war es ihr durchaus ernst mit ihren Studien.

So gingen einige Jahre ins Land. Sie lebte mit ihrer Dienerin Lüqiao im Kloster, empfing Gäste und studierte die Schriften. Soff, dichtete und kontemplierte.

Im Winter des Jahres 867 war diese Dienerin plötzlich wie vom Erdboden verschluckt. Es heißt, dass ihre Leiche schließlich vergraben in Yu Xuanjis Hinterhof gefunden wurde.

Yu soll ihre Dienerin aus Eifersucht erschlagen haben, weil sie ihr unterstellte, mit einem ihrer Verehrer etwas angefangen zu haben. Das ist nicht gänzlich unvorstellbar, denn Yu war jung, zornig und leidenschaftlich. Außerdem war sie frustriert über die engen Grenzen, die ihr als Frau gesteckt waren. Das am Ende des Kapitels zitierte Gedicht zeugt davon. Es ist also nicht ausgeschlossen, dass die Wut mit ihr durchging.

Vielleicht ging es aber auch um eine anders gerichtete Eifersucht, denn einige ihrer Gedichte haben einen klar homoerotischen Inhalt, es sei denn, sie wollte aus männlicher Perspektive schreiben. Das Stilmittel des literarischen „Crossdressings" war bei männlichen Dichtern damals sehr verbreitet und wurde insbesondere als Symbol für das Verhältnis Beamter/Untertan verwendet. Die Boudoir-

Klage, das poetische Seufzen einer wartenden, verlassenen und enttäuschten Frau war also nicht nur eine beliebte Ausdrucksform für Dichterinnen, sondern vor allem auch für ihre männlichen Kollegen. Für eine Frau hingegen wäre solch ein umgekehrter Perspektivwechsel damals höchst ungewöhnlich, ja nahezu undenkbar gewesen. Es kann also durchaus sein, dass sie mit der Dienerin verbandelt und deshalb eifersüchtig war.

Womöglich handelte es sich bei dem Fall der toten Dienerin auch nur um eine fabrizierte Anklage, aufgebracht durch einen Beamten, den Yu trotz ihrer Illegalität nicht bestechen wollte. Auch ein öffentlich düpierter Verehrer, der mit Yus Witz und Temperament nicht mithalten konnte, kommt als Verleumder in Betracht. Schließlich zeigt sie in ihren Gedichten immer weniger die Neigung zur üblichen Boudoir-Klage, sondern präsentiert ein selbstbewusstes, für eine Frau ihrer Zeit völlig unangebrachtes Ego, das sich selbst genügt.

Was auch immer der Anlass für den Tod der Dienerin war oder ob es sie überhaupt gab, die Geschichte endete schlecht für Yu Xuanji. Ohne die enge, aber auch schützende Bordellzugehörigkeit hatte sie keinen strukturellen Rückhalt und das Eingreifen ihrer Verehrer reichte nicht aus. Sie wurde wegen Mordes angeklagt. Sie gestand. Das überrascht allerdings wenig, da der Einsatz von Folter erlaubt war, um das unbedingt erforderliche Geständnis eines mutmaßlichen Täters zu erlangen. Yu Xuanji wurde zum Tode verurteilt und mit nur 24 Jahren im Herbst des Jahres 868 geköpft.

Nach chinesischer Vorstellung muss der Körper auch im Tod vollständig bleiben, sodass diese Art Todesstrafe nicht nur das Leben kostet, sondern auch danach Probleme bereitet. Die Schärfe des Urteils überrascht. Sollte sie ihre Dienerin wirklich erschlagen haben, handelte sie doch zumindest nicht hierarchiewidrig, was üblicherweise großen Einfluss auf die Strafe hatte. Hätte umgekehrt eine Dienerin ihre Herrin erschlagen, wäre dieses Strafmaß wahrscheinlicher gewesen. Vielleicht lag der Grund darin, dass Yu im Gegensatz zu ihrer Dienerin keine legale Existenz mehr hatte.

So oder so: China verlor eine der besten und vielversprechendsten Dichterinnen der Blütezeit chinesischer Dichtkunst in jungen Jahren. Nur 50 ihrer Gedichte und ein paar Fragmente sind erhalten, die ihren leidenschaftlichen und originellen Charakter zeigen.

Vierzig Jahre später war die große Tang-Dynastie zu Ende.

Hinrichtung

Ausflug

遊崇貞觀南樓覩新及第題名處

雲峰滿目放春晴

歷歷銀鉤指下生

自恨羅衣掩詩句

舉頭空羨榜中名

Ausflug zur Südhalle des Chongzhen Klosters, um die Namen der erfolgreichen Examenskandidaten zu lesen

Wolkenbedeckte Berge füllen das Auge
im hellen Frühlingslicht.

Geschickten Fingern entflossen die
glänzenden Zeichen.

Wie ich den Schleier hasse, der meine
Dichtung verbirgt.

Voller Neid blicke ich hoch und lese die
ehrwürdigen Namen.

李清照

5. Li Qingzhao

宋 *Song-Dynastie (960 - 1279 n. Chr.)*

Das Ideal der Song-Dynastie war Einfachheit statt Prunk. Bildung wurde betont, während Militärisches weniger hoch im Kurs stand. Doch der wirtschaftliche Aufschwung konterkarierte bald das Ideal. Gegen Ende der Song-Dynastie setzte sich der Neokonfuzianismus immer stärker durch, und das bedeutete eine starke Beschneidung der relativen Freiheit, die die Frauen unter der Tang-Dynastie und der frühen Song-Dynastie genossen hatten. Die moralisch-menschliche Vervollkommnung wurde angestrebt. Das Programm hieß Tugend, Tugend und noch mal Tugend. Die Umsetzung dessen wurde weitgehend an die Frauen delegiert. Rigorose Konzepte von Keuschheit und Anstand ließen den Frauen nur wenig Bewegungsspielraum. Nach Meinung führender Konfuzianer sollten Frauen nicht viel mehr lesen dürfen als die „Maßregeln für Mädchen" von Ban Zhao, vom Selberschreiben ganz zu schweigen. Gemildert wurden diese Forderungen in der Wirklichkeit dadurch, dass die Druckkunst bereits erfunden war und sich Schrifterzeugnisse in viel größerem Umfang verbreiteten. Wissen war zugänglicher geworden. Bildung zu erwerben war für Frauen also leichter und gleichzeitig schwieriger geworden. Letztlich hing es von den Familien ab, wie viel Bildung sie ihren Töchtern zugestanden.

Am Ende der Song-Zeit hatte sich das Fußbinden innerhalb der chinesischen Elite bereits stark ausgebreitet. Lotosfüße sollten zum einen den erotischen Reiz der Frau erhöhen. Sie bewies damit aber vor allem auch die Stärke ihres Geistes und ihre moralische Duldsamkeit. Die Kehrseite war eine schmerzhafte Gehbehinderung durch verkrüppelte Füße.

Die selbstbewusste Dichterin

1084 - ca. 1151 n. Chr.

Li Qingzhao war das erste Kind ihrer gelehrten Eltern. Ihr Vater Li Gefei war Direktor der National-Universität in der damaligen Hauptstadt Kaifeng. Mutter und Vater ließen ihrem Sohn und den drei Töchtern eine solide Bildung angedeihen. Da Li Qingzhao sich später viel außer Haus bewegen sollte, ist nicht davon auszugehen, dass ihre Füße gebunden waren.

Schon als Jugendliche schrieb sie Gedichte. Besonders berühmt wurde sie für das Verfassen von Ci, Gedichten, die zu einer bestimmten Melodie gesungen werden. Es sind lyrische, ungezwungene Gedichte, die sich wenig um Ethos scheren. Trotzdem war Li Qingzhao eine schwärmerische, strenge Patriotin. In ihren kritischen, politischen Gedichten nimmt sie kein Blatt vor den Mund und macht deutlich, was sie für moralisch wertvoll hält.

Von ihrer Familie wurde sie als Dichterin ernst genommen und unterstützt. Das gab ihr vermutlich das Selbstbewusstsein, auch mit älteren, männlichen Dichtern in Wettstreit zu treten.

1101 heiratete sie mit 18 Jahren den 21-jährigen Studenten Zhao Mingcheng, einen dritten Sohn. Die Eltern stammten aus verschiedenen politischen Lagern. Der Schwiegervater Zhao war als Wendehals verschrien und arbeitete für die Reformer, während ihr Vater als Konservativer einige Karriereknicks zu verkraften hatte.

Warum die Eltern aus den verschiedenen politischen Lagern diese Ehe schlossen, ist rätselhaft. Dass beide Familien aus der Provinz Shandong stammen, wird schwerlich als Begründung ausreichen. Wie gut sich die beiden Eheleute verstehen würden, war auch nicht unbedingt vorherzusehen. Doch es war eine glückliche Ehe. Die literarischen Interessen der beiden ergänzten sich und sie luden andere

Li Qingzhao

Tee

Gelehrte zu sich nach Hause ein. In den Mußestunden schrieben sie sich gegenseitig Gedichte, wobei sie ihm haushoch überlegen war. Mingcheng wusste das, er hatte es sich von Freunden bestätigen lassen. Außerdem verband sie eine Sammelleidenschaft: ihr ganzes Geld gaben sie für Bronzen, Kalligrafien, Malereien und Abreibungen von Steininschriften aus. Zusammen erforschten und katalogisierten sie ihre Schätze. Wenn sie davon genug hatten, tranken sie auf äußerst anspruchsvolle Weise Tee. Wer eine genaue Fundstelle eines Zitats nennen konnte, durfte zuerst seine Tasse leeren, wenn er den Tee nicht vor lauter Siegerstolz verschüttete.

Doch das Glück trübte sich. Kurz nachdem Vater Li im Jahr 1105 amnestiert worden war, starb er. 1107 erwischte es ihren Schwiegervater, der mittlerweile Kanzler geworden war. Er hatte gegen den falschen Konkurrenten intrigiert und wurde entlassen. Keinen Monat später starb auch er. Die Zhao-Familie zog sich unauffällig auf den Familiensitz in Shandong zurück. Man konnte nie wissen. Doch sie wurden wenig später rehabilitiert, sodass der älteste Bruder von Mingcheng 1112 an den Hof zurückberufen wurde. Li Qingzhao und ihr Mann setzten jedoch lieber das ruhige, forschende Sammlerleben und intime Beisammensein fort. Zugunsten des Erwerbs von Bronzen, Abreibungen, Bildern und Kalligrafien verzichteten sie auf aufwändige Lebensführung und Kleidung. Zusammen durchstöberten sie die umliegenden Orte nach weiteren Schätzen. Längere Reisen unternahm Mingcheng jedoch allein und Qingzhao bekam so genug Gelegenheit, Lieder über Einsamkeit und schalen Alkoholrausch zu verfassen. Neu war, dass eine ehrbare Ehefrau über Alkohol und Sex dichtete, Themen, die den Kurtisanen vorbehalten waren. Li Qingzhao kümmerte sich nicht darum.

Die Ehe blieb kinderlos. Ob das Paar darunter litt, ist nicht bekannt. Keine Zeile findet sich dazu in ihrem Werk. Das ist erstaunlich, denn Nachkommen zu haben, gehörte zu den wichtigsten Aufgaben eines chinesischen Paares. Sie müssen sich darüber zumindest Gedanken gemacht haben, denn nun würde es keinen geben, der für sie die Ahnenopfer durchführen würde. Dafür hatten sie eine der wertvollsten Sammlungen des ganzen Reiches zusammengetragen und insbesondere Mingcheng galt als Spezialist für antike Bronzeinschriften. 1121 wurde Mingcheng auf den Bezirksvorsteherposten in Laizhou berufen. Zwar folgte Li Qingzhao ihm, aber die Zeit ihres gemeinsamen Glücks sollte damit vorbei sein.

Das Song-Reich blutete unter dem kunstsinnigen, aber wenig praktischen Kaiser Huizong langsam aus. Die zunächst nüchtern begonnene Dynastie war längst im Prunk untergegangen. Der Frieden mit den nördlichen Reitervölkern wurde durch Silber und Seide erkauft und zuweilen trat man ihnen auch Land ab. Doch der kleine Finger, der so leicht zu haben gewesen war, reichte den als Barbaren abgestempelten Völkern nicht mehr, sie wollten die ganze Hand. Die Dschurdschen fielen im Norden des Landes ein. Sie gründeten nach chinesischem Vorbild die Jin-Dynastie und rückten langsam aber sicher nach Süden vor.

Die chinesische Armee, die unter einer explizit zivilen Regierung wenig Aufmerksamkeit bekommen hatte, war nicht im Geringsten imstande, die kriegserprobten Reiter aufzuhalten. Das Reich eierte zwischen Vertragsschluss und Vertragsbruch so lange hin und her, bis im Winter 1126/1127 die Hauptstadt Kaifeng eingenommen wurde. Die Gebiete nördlich des Gelben Flusses gehörten nicht mehr zu China.

Auch Li Qingzhao und ihr Mann machten sich notgedrungen mit hunderttausend anderen Flüchtlingen auf in den Süden. Da half auch ihr Wettern gegen die einlenkende Politik des Song-Kaisers nichts. Li Qingzhao wollte eine klare Linie, wollte den Krieg gegen die einfallenden Jin, wollte den Widerstand und zur Not den ehrenvollen Tod der Dynastie. Doch stattdessen mussten sie packen. Sie unterzogen ihre Schätze einer gründlichen und wiederholten Auslese. Das Ergebnis waren fünfzehn Wagen voller wertvoller Sammlerstücke. Trotzdem mussten sie zehn Räume voll davon zurücklassen. Kaum hatten sie Nanjing, die mögliche neue Hauptstadt am Jangtse, erreicht und ihre Kostbarkeiten eingelagert, zog Mingcheng weiter.

Auf der Flucht

Li Qingzhao

Während sie auf der Flucht waren, starb seine Mutter und er musste umgehend zu ihrem Begräbnis. Li Qingzhao dagegen kehrte um und reiste gegen den Flüchtlingsstrom zurück zum Familiensitz, um mehr von ihrer berühmten Sammlung zu retten. Doch viel Zeit blieb nicht, bis die Jin dort eintrafen. Mit nur wenigen Antiquitäten musste Li Qingzhao den Rückzug antreten. Der umfangreiche Rest war für immer verloren.

Im Frühling 1128 kam sie endlich wieder in Nanjing an und traf ihren vermissten Mann wieder. Während der Kaiser seinen Sitz nun noch weiter in den Süden, nach Hangzhou verlagerte, fuhr das Paar 1129 mit Booten und mutmaßlich mit dem Großteil der verbliebenen Sammlung den Jangtse hinauf, auf der Suche nach einem sicheren Ort für ihren Schatz. Doch so weit sollte es nicht kommen. Unterwegs ereilte Mingcheng der Befehl, einen neuen Beamtenposten zu übernehmen. Es half nichts, er musste dem Befehl Folge leisten und wieder umdrehen. Auf dem Weg erkrankte er an Malaria und Ruhr. Als Li Qingzhao davon erfuhr, zögerte sie nicht und verließ die Boote mit der kostbaren Fracht. Sie ritt ihm eilends nach und eine letzte kurze gemeinsame Zeit in Nanjing war ihnen noch vergönnt. Dann erlag der 48-jährige Mingcheng seinen Krankheiten. Weil kein Sohn vorhanden war, schrieb Li Qingzhao den Opfertext für ihren Mann selbst.

Sie war 45 Jahre alt, eine Witwe ohne greifbare Familie, ohne Heim und ohne verlässlichen Staat. Immerhin war sie nicht mittellos. Doch kaum hatte sie ihren Mann fern der Heimat so würdevoll wie möglich begraben, waren die Jin wieder im Anmarsch. Li Qingzhao befand sich erneut auf der Flucht. Feindliche Überfälle und lokale Rebellionen trieben sie kreuz und quer durch Chinas Süden. Ihre Schätze gingen allesamt verloren. Sie fand keinen Zufluchtsort. Familienangehörige waren zu einer Zeit, in der sich ständig ungeheure Flüchtlingsströme durch das Land wälzten, unauffindbar. Als deutlich wurde, dass sich die Jin dauerhaft auf die Gebiete nördlich des Jangtse zurückgezogen hatten, kehrte sie wie auch der ganze Hof 1132 wieder nach Hangzhou zurück.

Im gleichen Jahr, kurz nach der dreijährigen Trauerzeit, heiratete die 49-jährige den niedrigen Beamten Zhang Ruzhou. Dieser war ihr an Bildung weit unterlegen und sie verstieß damit gegen das konfuzianische Verbot der Wiederverheiratung für Witwen. Über die Gründe kann man nur spekulieren. Vielleicht versprach sie sich nach all der aufreibenden, verzweifelten Zeit einen ruhigen Hafen. ein wenig Heimat und Ruhe. Aber warum der? Zhang Ruzhou stellte sich schnell als Missgriff heraus. Nach nicht einmal hundert Tagen Ehe zeigte sie selbst ihn an, weil er sich seine Ernennung zum Beamten durch Bestechung erschlichen haben sollte. Auch von körperlicher Misshandlung wird gemunkelt. Sie wollte die Scheidung. Für Li Qingzhao bedeutete die Anzeige ein nicht unerhebliches Risiko, da eine Frau, die ihren Mann vor Gericht brachte, grundsätzlich wegen Ungehorsams mit einer Freiheitsstrafe von bis zu zwei Jahren zu rechnen hatte. Ein angesehener Beamter und angeheirateter Verwandter ihres verstorbenen Mannes vertrat sie vor Gericht, sodass die Scheidung schnell über die Bühne ging und auch eine längere Haft vermieden werden konnte. Was immer Zhang Ruzhou verbockt hatte, für ihn ging es weniger gut aus. Er wurde verbannt.

Li Qingzhao unternahm keinen weiteren Versuch die Einsamkeit durch Zweisamkeit zu bekämpfen. Sie schrieb weiter Gedichte und prangerte die in ihren Augen feige und pflichtvergessene Politik der Regierung an, die keine Rückeroberung der an die Jin verlorenen Gebiete plante. Stattdessen wurde ein Friedensvertrag geschlossen und die südlichen Song verzichteten auf ein Drittel ihres Staatsgebietes.

Li Qingzhao, die einst so mutige Dichterin, die sich einen Dreck um konventionelle Themen scherte, dichtete nun über ihre verlorene Liebe, ihr verlorenes Glück, ihre verlorene Heimat. Sie stammte aus dem trockenen Norden und konnte mit dem feuchten, schwülen Süden auf Dauer nichts anfangen. Bitterkeit, Trauer, Vergänglichkeit, Trennung und Verlust waren ihre Themen geworden. Themen der konventionellen Boudoir-Klage, doch Li Qingzhao blieb eine Meisterin ihres Fachs und beschrieb ihre Schmerzen auf selten erreichtem

Niveau. 1134 schrieb sie ein ausführliches, biografisches Vorwort zu den „Inschriften auf antiken Gegenständen aus Bronze und Steingut", ein Werk vor allem ihres geliebten Mingcheng, das sie nun veröffentlichte. Es wurde ein Standardwerk der Inschriftenkunde.

Danach sollte man nicht mehr viel von Li Qingzhao hören. Zum Drachenbootfest 1143 verfasste sie noch drei Gedichte, die bei Hof vorgetragen wurden und in denen sie wiederum die einlenkende Politik der Dynastie gegenüber den Jin anklagt. Dann verliert sich ihre Spur. Ein Austausch mit anderen Dichterkollegen galt für eine alleinstehende Frau nicht mehr als schicklich und Li Qingzhao hatte als Frau, die nicht nur ein zweites Mal verheiratet, sondern obendrein geschieden war, eh nicht mehr den besten Leumund. Vielleicht hatte der Kummer auch ihren Widerspruchsgeist verbrannt. So weiß man nicht einmal, ob die große Poetin 1150 oder erst 1155 starb.

Ihr Werk umfasste wenigstens sechs Bände mit Gedichten und sieben Bände mit Essays, wovon das meiste genauso in der Invasion der Jin verloren ging, wie ihre umfangreiche Sammlung von Altertümern. Doch sie wurde zur berühmtesten Dichterin Chinas.

Erinnerung

憶舊
如夢令

常記溪亭日暮
沉醉不知歸路
興盡晚回舟
誤入藕花深處
爭渡爭渡
惊起一攤鷗鷺

Erinnerung

(Nach der Melodie: Wie im Traum)

Oft denke ich an den Sonnenuntergang
im Pavillon am Bach,
als wir im Trunk versunken nicht den
Heimweg fanden.

Genießend hatten wir die Zeit vergessen,
kehrten erst spät zurück zum Boot,
verirrt im Lotosblumendickicht
ringend und rudernd
schreckten wir einen Strand voller Möwen
und Reiher auf.

春暮
武陵春

風住塵香花已盡
日晚倦梳頭
物是人非事事休
欲語淚先流
聞說雙溪春尚好
也拟泛輕舟
只恐雙溪舴艋舟
載不動許多愁

Ende des Frühlings

(Nach der Melodie: Frühling in Wuling)

Der Wind lässt nach, im duftenden Staub vergehen Blüten.
Den ganzen Tag bin selbst zum Kämmen ich zu müde.
Die Dinge sind, doch ist der Mensch nicht mehr.
Alles vorbei. Tränen ersticken meine Worte.

Man sagt, in Shuangxi blüht der Frühling noch.
Wie gerne würde ich mich dort treiben lassen.
Doch fürchte ich, es wird mein kleines Boot
so großen Kummer niemals tragen können.

Ende des Frühlings

孫不二

6. Sun Buer

金 *Jin-Dynastie (1115 - 1234 n. Chr.)*

Die Dschurdschen, ein nomadisierendes Reitervolk, waren in China eingefallen und hatten das Gebiet der Song-Dynastie erheblich verkleinert. Inspiriert vom chinesischen Vorbild riefen sie ebenfalls eine Dynastie aus und nannten diese Jin. Während sich die chinesischen Song auf ein verkleinertes Gebiet im Süden beschränken mussten, machten sich die Jin im chinesischen Norden breit. Sehr lange hielten sie sich nicht, denn dann kamen die Mongolen und machten sowohl der Jin- als auch der Song-Dynastie den Garaus. Für die Chinesen waren sowohl die dschurdschischen Jin als auch die mongolischen Yuan Fremdherrscher, unter denen sie keine wirklich gute Zeit hatten.

In der Zeit der parallelen Song- und Jin-Dynastie entstand eine neue daoistische Schule, der Quanzhen-Daoismus, oder Daoismus der vollkommenen Integrität. Dabei handelte es sich um den ersten daoistischen Klosterorden, der noch heute die stärkste daoistische Richtung auf dem chinesischen Festland darstellt. Kern- und Angelpunkt der neuen Richtung war die Selbstkultivierung, die insbesondere durch Meditation erreicht werden sollte. Es war und ist ein strenger Orden. Mit aus dem Buddhismus entlehnter Rigidität wurde großer Wert auf den Zölibat und das Verbot von Alkohol und Fleisch gelegt. Diese formale Ähnlichkeit hatte natürlich ihre Vorteile. So konnte der Quanzhen-Daoismus im Laufe der Zeit mit seinen Klöstern den Zen-Buddhismus in Chinas Norden verdrängen.

Der Orden präsentierte sich gegenüber den Chinesen als eine Möglichkeit, ihre Kultur vor den Einflüssen der sogenannten Barbaren zu bewahren. Das kam an. Gleichzeitig gelang es ihm, sowohl unter den Jin, als auch der späteren Mongolendynastie Einfluss zu gewinnen und zu wachsen. Dies war vor allem auf äußerste Zurückhaltung bei politischen Aussagen zurückzuführen.

Daoistin wider Willen

1084 - ca. 1151 n. Chr.

Bei einer daoistischen Heiligen wie Sun Buer lassen sich Legende und Historie kaum noch trennen. Denn hier hat man es nicht mehr nur mit Wahrheit und Fiktion bzw. mit der Analyse gefärbter Überlieferungen zu tun, sondern vor allem mit Glaubensvorstellungen. Die sind einer kritischen Überprüfung per se nur schwer zugänglich.

Die ersten knapp 50 Jahre von Sun Buers Leben verliefen ruhig und undramatisch. Unter dem Namen Sun Fuchun 孫福春 wuchs sie im heutigen Ninghai in der Provinz Shandong auf. Die Legenden berichten allerdings von einem pränatalen Ereignis: Vor der Empfängnis träumte die Mutter von sieben Kranichen. Einer der Kraniche drang über die Brust magisch in ihren Körper ein. Weil Kraniche die Reittiere der Unsterblichen sind, wusste die Mutter nun, dass sie mit einem göttlich begabten Kind schwanger war. Das ist wunderbar, aber eben auch eine stereotype Geschichte, die zum Standardrepertoire eines daoistischen Heiligenlebens gehört.

Sun Buer war schön, gebildet und sanftmütig. Als die Zeit gekommen war, heiratete sie den vier Jahre jüngeren Ma Yu, Nachfahre eines berühmten Generals der Han-Dynastie. Zusammen führten sie ein ruhiges Leben im Wohlstand. Mit der Geburt dreier Söhne war der chinesische Traum vom Glück perfekt.

Doch im Jahr 1167 erschien Wang Chongyang (1112-1170) im Leben der vom Glück begünstigten Familie. Ihr Mann lernte diesen

Sun Buer

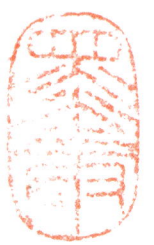

Birnen

Exzentriker beim Gelage eines örtlichen Beamten kennen. Er war so begeistert, dass er ihn gleich mit nach Hause brachte. Wang war ein religiöser Sucher. Nach einer Phase des Einsiedlertums in einem Erdloch, das er das „Grab des lebenden Toten" nannte, kam er nach Shandong und gründete schon auf dem Weg dorthin verschiedene religiöse Laiengemeinschaften. Sein Erfolg war nicht zuletzt seinen häufig zutreffenden Vorhersagen zuzuschreiben.

Sun Buers Ehemann erlaubte Wang, auf dem Grundstück eine Eremitage zu bauen, die er Quanzhen-Hütte nannte. Dorthin zog sich Wang für 100 Tage zur Meditation zurück. Aus dieser Klause soll er Ma Yu und Sun Buer immer wieder aufgeschnittene Birnen geschickt haben - eine typische Methode chinesischer Verklausulierung, denn die „geteilte Birne" (fenli) ist lautgleich zu „sich trennen". Da Wangs neue daoistische Richtung Zölibat und klösterliche Gemeinschaft beinhaltete, konnten Sun Buer und Ma Yu ihm nur folgen, wenn sie bereit waren, auf ihre Ehe zu verzichten.

Auf Ma Yu hatten die Birnenspalten die erhoffte Wirkung. Als Wang aus der Eremitage herauskam, verließ Ma Yu im Alter von 46 Jahren seine Familie und reihte sich in die wachsende Anhängerschar Wangs ein.

Sun Buer wird davon wenig begeistert gewesen sein. Sie hatte in ihrem behaglichen Leben wenig Anlass für extreme Entscheidungen gehabt und war ohne Not oder Tod praktisch Witwe geworden. Eine Überlieferung erzählt deshalb auch, dass Wang sich nicht freiwillig in die Eremitage begeben habe, sondern dort von Sun eingesperrt worden sei, in der Hoffnung, der religiöse Eiferer würde dort verhungern. Diesen Gefallen tat Wang ihr jedenfalls nicht.

Ein Jahr nach ihrem Mann wurde auch Sun eine Anhängerin Wangs und Nonne in der Halle des Goldenen Lotos in Ninghai. Warum sie sich nach dem langen Zögern doch Wang anschloss, darüber kann man nur spekulieren. Ihr Zögern könnte natürlich auch nur eine Legende sein, aber gemessen an ihren Lebensumständen ist es eigentlich naheliegend, dass sie tatsächlich widerborstig war. Ein Grund für ihr Nachgeben könnte sein, dass sie nur so ihren Ehemann unterstützen konnte. Dieser hatte sich in familiärer Hinsicht pflichtvergessen gezeigt, als er sie verließ. Wenn Sun nun selbst Nonne würde, dann gab es keine im Stich gelassene Ehefrau mehr und ihr Mann müsste diesen Konflikt nicht mehr verantworten. Bedenkt man ihren weiteren Werdegang, ging es ihr aber vermutlich mehr um die eigene religiöse Neugier und Empfänglichkeit, als um die perfekte Pflichterfüllung einer traditionellen Ehefrau. Leicht war die Entscheidung keinesfalls, denn sie verlor erheblich an Status und büßte Annehmlichkeiten ein.

Im Orden bekam sie ihren Ordensnamen Buer, Nichtzwei, was einerseits auf ihre Einheit mit dem Dao und andererseits auf ihren Status als zweite Tochter anspielt, die sie nun nicht mehr war. Außerdem wurde ihr der Titel „Wanderin der Klarheit und Ruhe" verliehen. Bis dato war sie die erste Dame am Platze und hatte zu den reichsten Familien im Ort gehört. Nun sollte sie genauso wie ihr Mann in eben diesem Ort betteln gehen, auf dass sie eine bescheidene Haltung lerne. Die Ausbildung zeichnete sich auch sonst durch Härte, Demütigungen, Schläge und Paradoxien aus. Man sieht, warum diese Form des Daoismus eine Konkurrenz zum Zen-Buddhismus darstellte. Offenbar hatte Sun Buer Talent für diesen Glauben. Als einzige Frau wurde sie in den Kreis der inneren Schüler des Wang aufgenommen. Dort lernte sie geheime Formeln der Wolkensiegelschrift und den Gebrauch göttlicher Amulette. Dies verlieh ihr magische Fertigkeiten und sie konnte an fortgeschrittenen Ritualen und Exorzierungen teilnehmen.

Im Jahr 1170 fand Meister Wang, dass er vor Ort genug getan hatte und packte seine Sachen. Weit kam er allerdings nicht, denn er starb unterwegs. Natürlich unternahm Sun Buer eine Pilgerreise zu seinem Grab. Dort traf sie nach drei Jahren der Trennung ihren Ehemann wieder. Es gibt einen Vers von Ma über diese Begegnung. Darin bekräftigt er das Ende der Ehe, hofft jedoch auf eine Wiedervereinigung wenn beide unabhängig voneinander erleuchtet wor-

Daoistische Talismanfigur

Durch den Schnee

den wären. Offenbar war sich das Paar sehr zugetan gewesen. In den nächsten Jahren machte sich Sun Buer selbst auf die Reise. Sie wollte in die ehemalige Hauptstadt Luoyang. Der Legende nach verbrannte sie sich zuvor das Gesicht mit siedendem Öl, um nicht durch ihre Schönheit Männer anzuziehen, die sie womöglich aufhalten würden. Sun Buer war damals gut über 50. Natürlich ist auch in diesem Alter große Schönheit möglich, jedoch wird mit dieser Geschichte eher die Konvention bedient, dass eine außergewöhnliche Frau auch außergewöhnlich schön sein muss. Vielleicht schwingt auch die Idee mit, dass daoistische Meister ihre Alterung zu verlangsamen verstehen. Entscheidend ist in der Geschichte aber die Unbedingtheit ihres Entschlusses. Nichts und niemand sollte sie von ihrer Wanderung abhalten. Sie schonte sich nicht, schlief ohne weiteren Schutz im Schnee und setzte sich auch sonst unerschrocken allen Unbilden der Natur aus. Die Fähigkeit, von Temperaturunterschieden unbeeindruckt zu sein, gehört auch in den Fähigkeitenkanon daoistischer Meister. Durch äußerst asketisches Leben vervollkommnete Sun Buer ihre innere Alchemie, pflegte ihr Qi, ihre Lebensenergie und hatte damit Erfolg: Sie erlangte plötzliche Erleuchtung.

Spätestens 1179 richtete sie sich in Luoyang in der Grotte der Unsterblichen Feng ein. Mit dieser Wahl begründete sie nicht nur symbolisch eine weibliche Linie des Daoismus, sondern gab auch ein unabhängiges und selbstbewusstes Statement ab, denn Feng war eine berühmte Exzentrikerin gewesen, die sich einen Dreck um die öffentliche Meinung geschert hatte. Sun Buer hatte in der Grotte endlich eine neue Heimstatt gefunden. Sie begann, Schülerinnen um sich zu scharen und zu lehren. Zusammen mit ihnen gründete sie die Gemeinschaft der Klarheit und Ruhe, eine daoistische Richtung für Frauen, auf die sich auch heute noch Daoistinnen berufen.

Sun interessierte sich insbesondere für innere Alchemie. Im Gegensatz zur äußeren Alchemie versucht diese nicht, durch die Bearbeitung äußerer Stoffe zum Ziel zu kommen, sondern beschäftigt sich

Tiger

– wie der Name schon sagt – ausschließlich mit inneren Prozessen. Mit der inneren Alchemie soll ein kosmischer Embryo gebildet werden, dessen Geist sich über die Welt erheben kann. Um das zu erreichen, müssen Männer das Jing, den Samen, als Essenz sexueller Energie in kosmische Energie transformieren. Das wird dadurch erreicht, dass sie ihren Samen zurückhalten, was „den weißen Tiger halten" genannt wird. Durch verschiedene meditative Verfeinerungen entsteht so eine Perle im Zinnoberfeld, also im Bauch knapp unter dem Nabel. Aus dieser Perle kann dann der unsterbliche Embryo entwickelt werden. Schon aus dieser äußerst groben und uneingeweihten Zusammenfassung wird deutlich, dass es einer gesonderten inneren Alchemie für Frauen bedarf, an deren Herausbildung Sun Buer großen Anteil hatte. Frauen müssen Jing, also den Samen, erst mal herstellen. Das geschieht durch das Köpfen des roten Tigers, also durch das willentliche Beendigen der Menstruation. Aus diesem Blut kann nun weißes Jing gebildet werden. Besonders anstrengend ist es natürlich für Frauen nach der Menopause. Diese müssen nämlich erst wieder mit der Menstruation beginnen, um sie dann zu unterbrechen. Ab da wird es für Frauen allerdings leichter. Da sie von Natur aus dazu in der Lage sind, einen Embryo auszubilden, ist das Bilden und Austragen der Perle im Zinnoberfeld weniger problematisch.

Ob die 14 alchemistischen Gedichte, die Sun Buer zugerechnet werden, tatsächlich von ihr stammen, lässt sich heute nicht mehr feststellen. Zumindest stammen sie aus der von ihr begründeten Tradition und sind die ältesten überlieferten Texte, die sich mit innerer Alchemie speziell für Frauen beschäftigen.

Anfang des Jahres 1183 soll Sun Buer gestorben, nachdem sie ihren Tod auf die Stunde genau vorhergesagt und sich ordentlich hergerichtet hatte. Sie beschloss ihr Leben, indem sie ein Gedicht rezitierte, dann transformierte sie sich in eine Unsterbliche und stieg in den Himmel auf. Ihr Mann sah sie auf einer bunten Wolke vorüberziehen und tanzte ihr zu Ehren. Diese Legende lässt die Tradition schamanistischer Trancetänze anklingen, aber auch die Geschichte des dao-

Himmelfahrt

istischen Urvaters Zhuangzi, der entgegen aller Tradition am Grab seiner Frau sang und tanzte, weil Leben und Tod eins sind. 60 Jahre nach ihrem Tod wurde Sun Buer offiziell als einzige Frau zu einer der Sieben Wahrhaften des Nordens benannt. Diesen Titel erhielten die sieben Schüler des Wang Chongyang, deren eigene Schulen besondere Wichtigkeit erlangten. Nach immer weiteren Beförderungen im Laufe der Dynastien ist sie heute die amtierende Göttin des Mysteriums und der Leere.

唐賽兒

7. Tang Saier

明 *Ming-Dynastie (1368 - 1644 n. Chr.)*

Die mongolischen Besatzer (Yuan-Dynastie, 1271-1368) hatten den Chinesen nicht gutgetan, die Bevölkerung war etwa um ein Drittel geschrumpft. Doch der Rest war um so renitenter, und so hatten die Aufstände schließlich Erfolg. Ein durchsetzungsstarker Bandenführer aus einfachen Verhältnissen wurde Taizu, der erste Ming-Kaiser. Mit seiner Machtergreifung wurde China wieder von Chinesen beherrscht.

Taizu vergaß nicht, dass er selbst mithilfe von Rebellen und Geheimgesellschaften den Thron bestiegen hatte. Dankbarkeit hatte er dabei jedoch weniger im Sinn. Kaum an der Macht, machte er sich daran, die von dieser Seite drohende Gefahr auszumerzen. Religionsausübung war nur noch in offiziell genehmigtem Rahmen erlaubt. Lokale Kulte, Laienbewegungen, „Bibelkreise" und dergleichen wurden verboten. Sie mussten sich auflösen oder gingen in den Untergrund. Doch damit nicht genug. Die Ming-Kaiser ergänzten ihre neue absolutistische Herrlichkeit mit einer umfangreichen Geheimpolizei und einer Art Blockwartsystem.

Kulturell konzentrierte man sich auf das „Chinesischsein" und steckte den Rahmen dafür nicht allzu weit. Die traditionelle konfuzianische Ablehnung von Händlern trug ihr Übriges zu einem überwiegend konservativen Zeitgeist bei.

Die charismatische Rebellin

um 1420 n. Chr.

Über Tang Saier weiß man kaum etwas und gerade das macht sie so interessant. Sicher ist, dass sie wirklich gelebt hat und dass sie die Anführerin eines Aufstandes gegen den Kaiser Yongle im Jahr 1420 war.

Yongle war ein Sohn des ersten Ming-Kaisers und bei der Thronfolge zugunsten eines Enkels übergangen worden. Entrüstet putschte er gegen seinen Neffen und ging aus einem mehrjährigen Bürgerkrieg als Sieger hervor. Doch der Preis für diese Erbstreitigkeit war eine ideelle, um nicht zu sagen psychische Schwächung Yongles. Zeit seines Lebens war er bemüht, die Rechtmäßigkeit seiner Herrschaft zu demonstrieren. Die Kernfunktion der chinesischen Kaiser bestand darin, den Ablauf zwischen Himmel und Erde reibungslos zu gestalten. Ein Ding der Unmöglichkeit für einen illegitimen Herrscher. Der Himmel würde in diesem Fall eher Aufständische bei der Beseitigung dieses Zustandes unterstützen. Yongle stand also unter hohem Rechtfertigungsdruck. Alles musste besser als gut, prächtiger als großartig und friedlicher als ruhig sein.

Tang Saier stammte aus Putai in Shandong, mehr weiß man über ihre Herkunft nicht. Da sie aber lesen konnte, muss sie aus einem gebildeten Haushalt stammen. Vielleicht ist deshalb so wenig über ihr Leben bekannt, weil ihre Herkunftsfamilie oder die ihres Ehemannes geschützt werden sollte. Das würde bedeuten, dass diese Familien sehr einflussreich waren, denn nur solchen konnte es gelingen, die Verbindung zu Tang Saier zu vertuschen. Vielleicht waren die Informationen aber auch einfach nicht interessant genug, um sich über die Jahrhunderte zu erhalten.

Tang Saier heiratete Lin San aus Jinan, wobei San „drei" bedeutet. Sie heiratete also einen dritten Sohn aus dem Clan der Lin. Wegen

Tang Saier

Schwert

der Häufigkeit dieses Nachnamens wird dadurch praktisch nichts verraten, sodass auch der Ehemann sein Inkognito behält.

Nachdem Lin San gestorben war, trat Tang Saier in die Öffentlichkeit. Der Legende nach fand sie auf dem Rückweg vom Grab ihres Mannes in einer Höhlung in einem Stein ein Kästchen, welches ein magisches Schwert und ein Zauberbuch über Kriegsführung enthielt. Sie studierte das Buch gründlich, nannte sich daraufhin Buddhamutter und begann buddhistische Sutren zu rezitieren. Der Zusammenhang zwischen der buddhistischen Erweckung und einem Buch über Kriegsführung leuchtet zwar nicht unmittelbar ein, aber Tang Saier zog immensen Nutzen aus der Lektüre. Abgesehen von der Verbreitung zuverlässig eintreffender Wahrsagungen, konnte sie nun auch Essen und Alltagsgegenstände magisch produzieren. Am erstaunlichsten war aber ihre Fähigkeit, aus Papier geschnittene Männer und Pferde zu beleben und in den Kampf zu schicken.

Zieht man die Wunder ab, bleibt eine äußerst charismatische religiöse Führerin übrig, der sich mehrere tausend Menschen aus den umliegenden Landkreisen anschlossen.

Oft wird sie mit der Sekte Weißer Lotos in Zusammenhang gebracht. Diese Sekte entstand aus einer buddhistischen Laienbewegung heraus, deren Kernaussage das Versprechen der Wiedergeburt im Paradies des Buddha Amithaba war. Dazu kam die Vorstellung, dass mit dem Buddha Maitreya ein weiser Herrscher erscheinen und nach einer Phase des Chaos eine neue, eine bessere Ära anbrechen würde. Magie spielte ebenfalls eine große Rolle. Im Weißen Lotos waren Frauen gleichberechtigt, was für orthodoxe Buddhisten oder Konfuzianer natürlich völlig inakzeptabel war.

Seine Lehren musste der Weiße Lotos wegen der bestehenden Gesetzeslage im Verborgenen weitergeben, sodass die Bezeichnung als Geheimgesellschaft durchaus zutreffend ist. Ursprünglich ging es trotzdem nur ums Seelenheil und die Religion. Doch später war die Bewegung tatsächlich immer wieder in Aufstände und Verschwörungen verwickelt. Das kann dabei herauskommen, wenn man an sich harmlose Gemeinschaften in den Untergrund treibt.

Ob Tang Saier Mitglied des Weißen Lotos war, ist ungeklärt. Die Art ihrer Magie, ihre Art der Religionsverbreitung, der Umstand, dass sie als Frau an der Spitze stand und auch die große Zahl ihrer Anhänger, die in irgendeiner Form organisiert gewesen sein müssen, spricht dafür. Aber es ist auch denkbar, dass es sich nur um eine ähnliche Bewegung handelte, die ganz auf Tang Saier ausgerichtet war.

Tang Saier vergrößerte stetig ihre Anhängerschaft und wurde bereits 1418 in Lokalgazetten im Zusammenhang mit kleineren Unruhen erwähnt. Unruhen, von denen die Behörden in der Hauptstadt zunächst nichts erfuhren. Doch dann spitzte sich das Geschehen zu. Tang Saier verbarrikadierte sich mit über 10.000 Männern und Frauen in einer auf einem Hügel gelegenen Ansiedlung, die sie gegen das anrückende Militär verteidigten. Ein hochrangiger Offizier wurde bei dem Versuch, Tang Saier festzunehmen, getötet. Nun blieb den örtlichen Würdenträgern nichts anderes übrig, als das Problem in der Hauptstadt zu melden. Dies hätten die zuständigen Behörden sicher gerne vermieden, denn wer seinen Bezirk nicht in Frieden halten konnte, machte sich strafbar. Der Kaiser war bestürzt und befahl umgehend die Niederwerfung der Bewegung und die Festnahme der „Hexe".

Aber was war der Grund für das Ganze? Die offizielle Geschichtsschreibung behauptet, Tang Saier sei die zauberkräftige Chefin einer Räuberbande gewesen. Folgt man dieser Auffassung, ging es nicht um einen Aufstand, sondern eher um ein expandierendes Gewerbe. Diese Begründung lässt den religiösen Hintergrund völlig außer Acht und das Bestreben der Behörden, die Bewegung zu diffamieren, ist mehr als deutlich.

Lotus

Pferd

Ein anderer denkbarer Grund für die Unruhen wäre, dass Tang Saier die Basis ihrer religiösen Gemeinschaft sichern und vergrößern, also für sich und ihre Leute ein Gebiet mit freier Religionsausübung beanspruchen wollte. In diesem Fall müsste ihr und ihren Genossen aber auch klar gewesen sein, dass sich dies im chinesischen Kernland nicht so einfach gegen die kaiserliche Macht würde durchsetzen lassen. Wahrscheinlicher sind daher andere Erklärungen.

Die Provinz Shandong war der Hauptschauplatz des Kampfes zwischen Yongle und seinem gekrönten Neffen, ein Kampf, der immerhin vier Jahre andauerte und den Landstrich verwüstete. Zu allem Überfluss kam es in den Folgejahren zu Dürren, Überschwemmungen und Heuschreckenplagen. Zwar wuchs die Wirtschaft im übrigen Reich, doch der Bevölkerung der Provinz Shandong ging es erst mal schlecht. Darüber hinaus wurden unzählige Männer aus Shandong zwangsverpflichtet, Yongles Bau der verbotenen Stadt in Beijing zu realisieren. Unzufriedenheit lag in der Luft und der Hunger ging um. Hieß es nicht, dass der erlösende Buddha im größten Tohuwabohu und Elend erscheinen sollte? Dass Rettung naht in tiefster Finsternis? Tang Saiers religiös-messianische Heilsversprechungen könnten die Lunte am Pulverfass gewesen sein.

Es ist auch gut möglich, dass der Ursprung der Auseinandersetzung auf der anderen Seite zu finden ist. Vielleicht sahen sich die alarmierten Behörden gezwungen, dem an sich harmlosen Treiben ein Ende zu setzen, weil die Anhängerschaft der Zauberin so groß und damit unkontrollierbar geworden war. Private Vereinigungen wurden in Chinas Geschichte seit jeher mit großem Misstrauen beäugt, und das galt erst recht für die kontrollversessene Ming-Dynastie. Typisch für die buddhistischen Laienbewegungen war, dass man sich in großen Gruppen zum gemeinsamen Rezitieren traf. Genau das war aber verboten.

Erstaunliche drei Monate lang konnte sich Tang Saier mit ihren Leuten gegen das kaiserliche Heer behaupten und ihm empfindliche Verluste zufügen. Im Endeffekt war sie jedoch chancenlos. So viele

Pferde und Kämpfer konnte Tang Saier gar nicht ausschneiden, wie der Kaiser Truppen gegen sie aufmarschieren lassen konnte. Etwa 2.000 Rebellen starben im Kampf, mindestens 4.000 wurden später hingerichtet. Dieses Durchgreifen war für Yongle ungewöhnlich, der trotz seiner Ängste vor Aufständen eher auf das Überlaufen von Rebellen setzte.

Sein Sieg war total, hatte aber einen gravierenden Schönheitsfehler: Die Widersacherin Tang Saier wurde nicht gefasst.

Die Legende berichtet allerdings von ihrer Gefangennahme, die den Kaiser jedoch auch nicht glücklicher machte. Denn keine Waffe konnte ihr etwas anhaben. Folter und Hinrichtung blieben folgenlos, Tang Saier bekam davon nicht mal einen Kratzer. Schließlich hatte sie genug, die Ketten fielen von ihr ab und sie verschwand durch Verdunsten. Tatsächlich hatte wohl ein falscher Überläufer den Tipp gegeben, dass Tang Saier einen Ausfall durch den östlichen Ausgang plane. Der kaiserliche Befehlshaber fiel darauf rein und verlegte seine Truppen nach Osten, um sie dort abzufangen. In diesem Moment griff Tang Saier das fast verlassene kaiserliche Lager an und floh.

Der Kaiser rief zur Hexenjagd. Etwa 10.000 Nonnen, Priesterinnen und Wanderpredigerinnen wurden in den folgenden Monaten verhaftet, was eine Befragung unter Folter einschloss. Tang Saier war nicht darunter. Sie blieb unauffindbar. Das trieb Yongle zur Weißglut. Es widersprach der himmlischen Ordnung, dass eine ketzerische Zauberin den Sohn des Himmels austricksen konnte. Diese Niederlage muss ihm, der ohnehin unter Legitimierungsdruck stand, insgeheim Angst gemacht haben. Nur durch die Intervention rationalerer Beamter konnte Yongle von der Hexenjagd abgebracht werden und die inhaftierten Frauen wurden frei gelassen. In welchem Zustand sie sich befanden, ist nicht überliefert.

Tang Saier muss großen Rückhalt in der Bevölkerung gehabt haben, da sie sonst bei der mittelalterlichen Rasterfahndung hätte gefunden werden müssen. Als Yongle vier Jahre später starb, war der

Aufenthaltsort seiner Erzfeindin immer noch unbekannt. Tang Saier
blieb verdunstet.

鄭一嫂

8. Zheng Yi Sao

清 *Qing-Dynastie (1644 - 1911 n. Chr.)*

Die Qing-Dynastie war die letzte Dynastie in China. Zum Leidwesen der Chinesen war es keine chinesische, sondern eine mandschurische Dynastie. Die Mandschus befahlen den Chinesen zu allem Überfluss, den langen geflochtenen Zopf zu tragen, der im Ausland ausgerechnet als so chinesisch gilt. Für die Chinesen war er ein Zeichen der Fremdherrschaft. Die Sitte, die Füße einzubinden, wurde von den Mandschurinnen klugerweise nicht übernommen, aber unter den Chinesinnen erreichte die Verbreitung der Lotosfüße zu dieser Zeit einen Höhepunkt. Man geht davon aus, dass während der späten Qingzeit 50 Prozent aller Frauen deformierte Füße hatten.

Das Leben an den Küsten unterschied sich deutlich vom wesentlich stärker kontrollierten Kernland, denn wie sagt ein chinesisches Sprichwort so schön: Der Himmel ist hoch und der Kaiser ist weit.

Die Frauen an der südchinesischen Küste nahmen seit jeher am Arbeitsleben an und auf See teil. Das Rudern und Manövrieren von kleineren Schiffen, den Sampans, galt komplett als Frauenarbeit. Doch auch auf den großen Schiffen waren sie Teil der Crew, wobei sie insbesondere für das Löschen und Beladen zuständig waren.

Die südchinesischen Piraten waren wie die Fischer ein Teil der in den Geschichtsbüchern insgesamt vernachlässigten Unterklasse. Diese Männer und Frauen verbrachten den Großteil ihres Lebens in den beengten Verhältnissen der Schiffe. Feste Heimathäfen spielten kaum eine Rolle. Die Nahrung bestand hauptsächlich aus Reis und Fisch, zur Not wich man auf Maden und Ratten aus.

Auf den Piratenschiffen herrschte eine klare Ehepaarstruktur. Anders als auf den familiär geprägten Fischerbooten herrschte großer Männerüberschuss, weil unverheiratete Frauen an Bord nicht erlaubt waren. Diese Maßnahme sollte wohl die Ordnung auf den Schiffen aufrechterhalten. Wenn ein Pirat eine erbeutete Frau gekauft hatte, wurde diese dadurch automatisch seine Ehefrau, die er nicht einfach wieder abstoßen konnte. Davon, dass eine Frau einen erbeuteten Mann kaufte, wird nichts berichtet. Konfuzianische Moral und alte Traditionen bestimmten trotz aller Unterschiede auch das Leben der Seeräuber.

Um sich furchtlos und beängstigend rotäugig zu machen, mischten sich die Piraten vor den Kämpfen Schwarzpulver in ihren Schnaps. Zur psychologischen Tiefenermutigung ließen sie sich gelegentlich auch das Herz eines Feindes schmecken. Das Besprenkeln mit Knoblauchwasser sollte wiederum Kugeln abhalten. Derart gerüstet ging es in den Kampf. Wenn nichts zu tun war, wurde wie überall in China Karten gespielt und Opium geraucht. Man kann wohl von Schiffen voller Süchtiger ausgehen.

Die listige Piratin

1775 - 1844 n. Chr.

Zheng Yi Sao war die vermutlich erfolgreichste und mächtigste Piratin aller Zeiten. Sie beherrschte Anfang des 19. Jahrhunderts das südchinesische Meer und befehligte zu ihren Hochzeiten eine Flotte von rund 1.800 Schiffen mit über 70.000 Piraten, denen die kaiserliche Marine der Qing alles andere als gewachsen war.

Sie stammte aus der südchinesischen Küstenprovinz Guangdong und arbeitete dort zunächst als Prostituierte auf einem der „Blu-

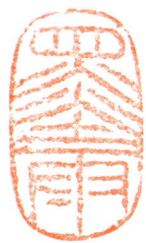

Ratte

Zheng Yi Sao

menboote" genannten schwimmenden Bordelle. Sie hieß Shi Xi-anggu 石香姑, also Duftmädchen Shi, aber unter diesem Namen ist sie nicht bekannt geworden.

1801 hielt der damals schon sehr einflussreiche Piratenkapitän Zheng Wenxian um ihre Hand an und kaufte sie frei. Die Zhengs waren seit dem späten 17. Jahrhundert in diesem Geschäft, was ungewöhnlich war. Man kann vermuten, dass sie ohne Wehmut im Alter von 26 Jahren das Blumenboot zugunsten einer Piratendschunke verließ.

Durch die Heirat wurde Shi Xianggu zu Zheng Yi Sao, was soviel bedeutet wie „die Ehefrau des ersten Zheng", denn er war der älteste Sohn seiner Eltern. Und so erfährt die Nachwelt nicht so sehr, wie sie hieß, sondern in welchen Verhältnissen sie lebte. Auch unter Piraten war die Ehe der klassische Schritt zur Macht für eine Frau. Unverheiratet hätte sie ja allenfalls als Professionelle aufs Boot gedurft.

Zu dieser Zeit galt die Südküste Chinas trotz der immer wieder mal auftauchenden Piraten als sicher. In der langen Friedenszeit Ende des 18. Jahrhunderts verdoppelte sich die Bevölkerung in der Küstenregion, ohne dass die Wirtschaft entsprechend mitwuchs. Der Überlebensdruck war gewaltig und schob die Schwächsten aufs Wasser. Diese Wassermenschen lebten auf in „Straßen" angeordneten Booten und versuchten durch Fischfang und Hausiererei ihren Lebensunterhalt zu bestreiten. Doch was tun, wenn im Sommer der Fischfang ruht? Woher das Nötigste zum Lebensunterhalt nehmen, wenn nicht stehlen? Eben. Und so kam es gerade in den Sommermonaten zu Piratenüberfällen. Die unübersichtliche und kaum kontrollierte Küste war von Opiumhöhlen, Spielsalons und Bordellen übersät. Aus dieser Gemengelage ließen sich schnell kurzfristige Seeräuberbanden rekrutieren. Sobald wieder gefischt werden konnte, glitten die Saison-Piraten in die Legalität zurück. Das war lästig, aber für den Küstenhandel insgesamt nicht gefährlich. Eine Veränderung trat mit der vietnamesischen Tay-Son-Revolte ein (1771-1802).

Dschunke

Piratin

Der aufständische Tay-Son-Kaiser bediente sich der chinesischen Piraten, um seine Herrschaft zu sichern. So wurde die Piraterie zu einem einträglicheren und prestigereicheren Geschäft. Aus sporadischen Banden, die sich für den einen oder anderen Coup zusammengefunden hatten, entstanden regelrechte Mannschaften mit mehreren Schiffen und Kommandostrukturen. Anstatt sich nur von knurrenden Mägen leiten zu lassen und von der Hand in den Mund zu leben, konnte nun an der Organisation gebastelt werden. Die Kapitäne der Piratenschiffe wurden zu Unternehmern.

In dieser Phase der Professionalisierung der Seeräuberei heiratete die Prostituierte Duftmädchen Shi 1801 den Piratenkapitän Zheng Yi und ging mit ihm nach Vietnam. Lange währte die Protektion und günstige Auftragslage in Vietnam allerdings nicht. Schon ein Jahr später war die Tay-Son-Revolte endgültig gescheitert und die bislang alliierten Piraten fanden sich als Konkurrenten um die chinesischen Ressourcen wieder. Um ein gegenseitiges Aufreiben zu vermeiden, arbeitete das Ehepaar Zheng an einem Piratenbund. 1803 brachte Zheng Yi Sao ihren ersten Sohn zur Welt. Zwei Jahre später trugen auch ihre anderen Bemühungen Früchte und die Konföderation der Piraten stand.

Der Bund kam zwischen sechs Anführern zustande und die segelten unter roter, weißer, schwarzer, grüner, blauer oder gelber Flagge. Die rote Flotte des Zheng Yi galt als die Gefährlichste und führte das Kommando über die gesamte Konföderation.

1807 gebar Zheng Yi Sao ihren zweiten Sohn. Im gleichen Jahr ertrank dessen Vater, der große Zheng Yi, im Alter von 42 Jahren in einem Taifun. Die Konföderation stand führerlos da.

Ohne Zögern übernahm seine Witwe das Kommando. Überraschenderweise ging das ohne jeglichen Aufruhr vonstatten und schon bald wurde sie zur Dragonlady der südchinesischen See, die den Kaiser noch das Fürchten lehren sollte. Sie muss eine überzeugende, unwiderstehliche Frau mit großen taktischen Fähigkeiten und

Sturm

Perlfluss

eisernem Willen gewesen sein. Gekonnt balancierte sie die unterschiedlichen Fraktionen aus, denn immerhin dürfte auch der eine oder andere Geschwaderkommandant zur Nachfolge bereit gewesen sein. Doch schlussendlich akzeptierten alle die ehemalige Prostituierte vom Blumenboot.

Als Kommandanten für ihr rotes Geschwader wählte sie den 21-jährigen Zhang Bao, einen vor sechs Jahren geraubten und von ihr und ihrem Mann adoptierten Fischersohn. Jemand musste sich schließlich um das Tagesgeschäft kümmern. Sie blieb indes ganz Dame und zog die Strippen im Hintergrund. Zhang Bao war der Liebhaber seines Adoptivvaters Zheng Yi gewesen. Nach dessen Tod festigte wiederum Zheng Yi Sao postwendend die Bindung zu ihm durch ein sexuelles Verhältnis. Für eine Trauerphase blieb keine Zeit. Entgegen der Moralanforderung als Witwe blieb Zheng Yi Sao nicht nur nicht keusch, sondern brach auch noch das Inzesttabu, indem sie sich mit ihrem Adoptivsohn zusammentat. Dies scheint ihrer Autorität jedoch keinen Abbruch getan zu haben.

Während Zhang Bao die Schiffe in den Kampf führte und die Piraten durch sein Charisma für ihre blutigen Aufgaben begeisterte, konzentrierte sich Zheng Yi Sao aufs Geschäft, auf strategische Erwägungen und das Regieren ihrer Allianz. Und das tat sie mit fester Hand. Die von ihr verfassten Gesetze sahen drakonische Strafen vor. Ging ein Pirat privat und ungenehmigt an Land, so wurde ihm vor versammelter Flotte das Ohr abgeschnitten, im Wiederholungsfalle drohte der Tod. Ebenfalls war es bei Todesstrafe verboten, irgendetwas von der Beute zu unterschlagen. In diesem Zusammenhang wurde auch derjenige mit dem Tode bestraft, der sich ohne Erlaubnis des Zahlmeisters eine der erbeuteten Frauen nahm. Vergewaltigung und Eheschließung ohne entsprechende Genehmigung sollten ebenso bestraft werden. Im letzteren Fall wurde der Mann geköpft und die Frau mit Gewichten an den Füßen über Bord geworfen. Daran sieht man schon, dass es mit dem lustigen Piratenleben nicht allzu weit her gewesen sein dürfte, die Alternativen aber vermutlich noch weit weniger verlockend waren. Nach einer Weile wurde die Piraterie richtig profitabel. 1808 hatten die Piraten mit Zheng Yi Sao an der Spitze die ganze Küste der Provinz Guangdong unter ihre militärische Kontrolle gebracht. Alle Schiffe im südchinesischen Meer zahlten Schutzgeld an sie. Auch der einträgliche Salz- und Opiumhandel war ein Piratenmonopol geworden.

Nun wurde es auch dem Kaiser im fernen Beijing zu bunt. Es war mittlerweile mehr als offensichtlich, dass das Piratenproblem an der südchinesischen Küste außer Kontrolle geraten war. Eine militärische Niederlage reihte sich an die nächste. Aus lauter Verzweiflung griff der kommandierende Gouverneur Bai Ling 1809 zu einer unerhörten, drastischen Maßnahme. Er verbot den gesamten Schiffsverkehr. Kein Schiff durfte die Häfen mehr verlassen, alles musste über die Landwege transportiert werden. Totenstille herrschte über dem Meer.

Bei dieser Anordnung war allerdings übersehen worden, dass hungrige Piraten nicht unbedingt leichter zu handhaben sind, als zufriedene. Diese dachten gar nicht daran, vor der Küste tatenlos ihrer Auslöschung entgegenzusehen. Da im Küstengewässer nichts mehr zu holen war, segelten sie über die Flüsse verstärkt ins Inland, überfielen, plünderten, erpressten und vernichteten Dörfer und Städte. Sie nahmen Frauen als Geiseln und boten männlichen Gefangenen an, Pirat zu werden. Eine Wahl, deren Alternative ein grausamer Tod war. Selbst von der Provinzhauptstadt Guangzhou verlangte Zheng Yi Sao nun offen Schutzgeld. Die Witwe und ihre Piraten hatten umfassende Macht. Die Bewohner der Küsten und Ufer lebten schließlich so in Angst und Schrecken, dass sie jeden Fremden töteten, in der Annahme, es sei ein verkleideter Pirat auf Erkundungstour.

Wenn kein nennenswerter Feind mehr droht, hat man endlich Zeit für innere Konflikte. Guo Podai, der Chef der schwarzen Flotte, tat sich schon länger schwer mit dem jungen Emporkömmling Zhang Bao. Guo Podai war ein alter Waffenfreund von Zheng Yi und Kommandant der zweitmächtigsten Flotte der Konföderation. Es musste ihn gewurmt haben, Befehle des jungen Liebhabers erst des Zheng

Hai

Yi und dann der Zheng Yi Sao entgegenzunehmen. Das widersprach eklatant dem Vorrecht des Alters, Charisma hin oder her. Vielleicht erkannte Guo Podai außerdem, dass der Zenit der Piraterie überschritten war. Er war jedenfalls auf dem Absprung. Und die Zeit dafür war günstig. Denn wegen der verzweifelten Niederlage der kaiserlichen Marine waren die Behörden äußerst begnadigungsbereit. Um nicht zu sagen belohnungsbereit.

Guo Podai und seine gefürchtete schwarze Flotte ergaben sich gegen erhebliche Abfindungen und Vergünstigungen am 13. Januar 1810. Umstandslos reihten sie sich in die Qing-Marine ein, um Jagd auf die alten Bundesgenossen zu machen. Die Situation war für die Piraten damit nicht kritisch, aber erheblich ungemütlicher geworden.

Zheng Yi Sao musste sich nun entscheiden. Piratin bleiben oder aufgeben, solange damit noch ein guter Preis zu erzielen war? Gegen den Rat von Zhang Bao und nach einigen gescheiterten Anläufen kam Zheng Yi Sao aus der Deckung. Am 17. April 1810 sprach sie persönlich und unbewaffnet beim Gouverneur von Guangzhou vor. Nach harten Verhandlungen unterwarf sich Zheng Yi Sao am 20. April 1810 mit 17.318 Piraten auf 226 Dschunken und 1.315 Kanonen.

Die alten Kontrahenten Guo Podai und Zhang Bao brachten nun gemeinsam die übrigen Piraten zur Strecke. Wer sich jetzt noch ergeben oder sogar Profit daraus schlagen wollte, kam zu spät. Das Kräfteverhältnis war gekippt. Die größte Zeit der südchinesischen Piraten war vorbei.

Mit 35 Jahren ging die Piratenkönigin in Rente. Sie zog mit Zhang Bao in die Provinz Fujian, kehrte jedoch nach dessen Tod 1824 nach Guangzhou zurück. Abgesehen von ein paar zivil- und verwaltungsrechtlichen Querelen war es ruhig um sie geworden. In aller Ruhe und unbehelligt führte sie ein Opiumschmuggelkombinat und betrieb ein Spielcasino. 1844 starb sie im Alter von 69 Jahren friedlich in ihrem Bett. Und Frieden hätte auch auf den Meeren Chinas geherrscht, wenn nicht der Westen die Opiumkriege angezettelt hätte.

Zeittafeln der chinesischen Dynastien

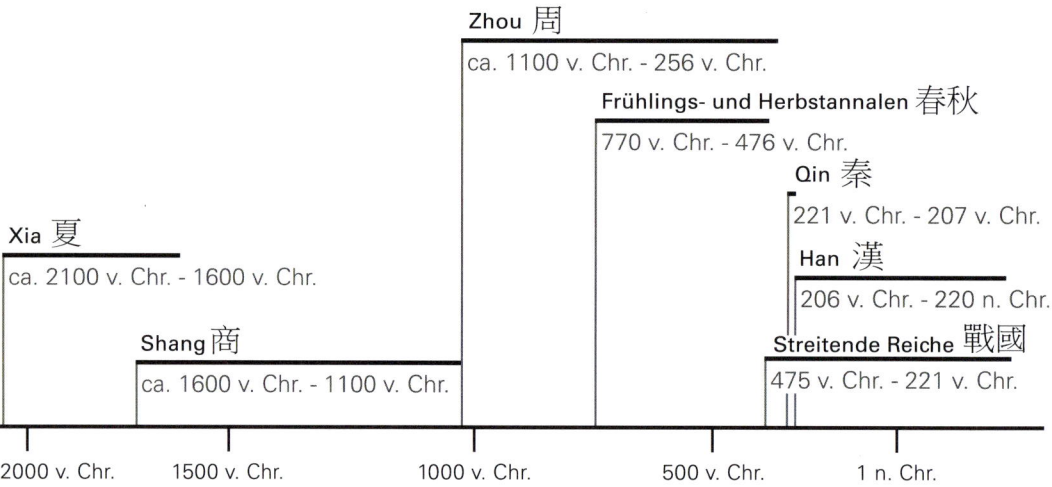

Zhou 周
ca. 1100 v. Chr. - 256 v. Chr.

Frühlings- und Herbstannalen 春秋
770 v. Chr. - 476 v. Chr.

Qin 秦
221 v. Chr. - 207 v. Chr.

Xia 夏
ca. 2100 v. Chr. - 1600 v. Chr.

Han 漢
206 v. Chr. - 220 n. Chr.

Shang 商
ca. 1600 v. Chr. - 1100 v. Chr.

Streitende Reiche 戰國
475 v. Chr. - 221 v. Chr.

2000 v. Chr.　　1500 v. Chr.　　1000 v. Chr.　　500 v. Chr.　　1 n. Chr.

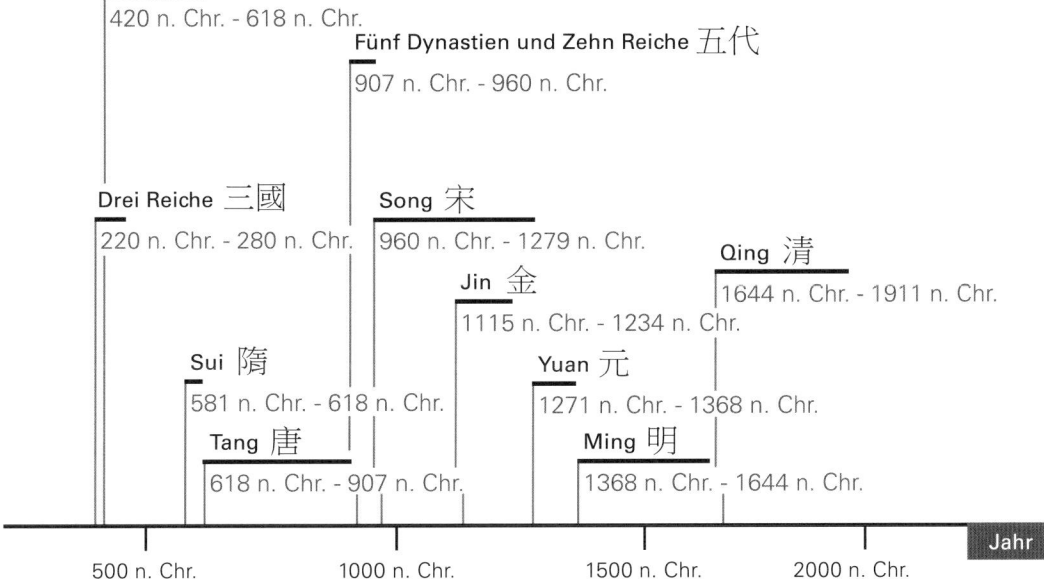

Südliche und Nördliche Dynastien 南北照
420 n. Chr. - 618 n. Chr.

Fünf Dynastien und Zehn Reiche 五代
907 n. Chr. - 960 n. Chr.

Drei Reiche 三國
220 n. Chr. - 280 n. Chr.

Song 宋
960 n. Chr. - 1279 n. Chr.

Jin 金
1115 n. Chr. - 1234 n. Chr.

Qing 清
1644 n. Chr. - 1911 n. Chr.

Sui 隋
581 n. Chr. - 618 n. Chr.

Yuan 元
1271 n. Chr. - 1368 n. Chr.

Tang 唐
618 n. Chr. - 907 n. Chr.

Ming 明
1368 n. Chr. - 1644 n. Chr.

Jahr

500 n. Chr.   1000 n. Chr.   1500 n. Chr.   2000 n. Chr.

125

Literaturverzeichnis

der europäischsprachigen Quellen

A Survey of Daoist Literature
Judith M. Boltz, Berkeley 1987

Biographical Dictionary of Chinese Women – Antiquity through Sui
Lily Xiao Hong Lee u.a., Armonk 2007,
The Qing Period 1644-1911

Bold in Her Breeches – Women Pirates Across the Ages
Jo Stanley (Hrsg.), San Francisco 1996

China in the Early Bronze Age – Shang Civilization
Robert L. Thorp, Philadelphia 2006

Chinesische Mythologie
Anthony Christie, Wiesbaden 1968

Cinderella´s Sisters – A Revisionist History of Footbinding
Dorothy Ko, Berkeley 2007

Criminal Justice in China – A History
Klaus Mühlhahn, Cambridge 2009

Das alte China
Edward L. Shaughnessy (Hrsg.), München 2000

Das alte China – Eine Kulturgeschichte
Thomas O. Höllmann, München 2008

Das antike China
Maurizio Scarpari, Köln 2000

Das chinesische Denken
Marcel Granet, München 1985

Daoism Handbook
Livia Kohn, Boston 2000

Der Aufstand der Zauberin T´ang Sai-erh im Jahre 1420
Werner Eichhorn, in: Orient Extremus 1(1954), 11-25

Der Preis der Leidenschaft – Chinas große Zeit
Barbara Beuys, München 2006

Die chinesische Welt
Jacques Gernet, Frankfurt am Main 1997

Die Frau im alten China – Bild und Wirklichkeit
Dennis Schilling und Jianfei Kralle, Stuttgart 2001

Die Religionen Chinas
Werner Eichhorn, Stuttgart 1973

Die weibliche Seite des Buddha
Agnes Pollner, Stuttgart 2008

Divine Traces of the Daoist Sisterhood
Suzanne Cahill, Magdalena 2006

Dragon Lady – The Life and Legend of the Last Empress of China
Sterling Seagrave, New York 1992

Empress Wu Zetian in Fiction and in History – Female Defiance
in Confucian China
Dora Shufang Dien, Hauppauge 2003

Every Step a Lotus
Dorothy Ko, Berkeley 2001

Fables for the Patriarchs – Gender Poiltics in Tang Discourse
Jowen R. Tong, Lanham 2000

Folk Buddhist Religion – Dissenting Sects in Late Traditional
China
Daniel L. Overmyer, Cambridge 1976

Fünftausend Jahre Chinesische Mode
Zhou Xun u.a., Fribourg 1985

Gender and Chinese Archaeology
Kathryn M. Linduff und Yan Sun (Hrsg.), Walnut Creek 2004

Geschichte Chinas
Wolfram Eberhard, Stuttgart 1971

Geschichte der chinesischen Literatur
Hellwig Schmidt-Glintzer, Bern 1990

Geschichte der chinesischen Literatur
Eugen Feifel, Darmstadt 1959

History of the Pirates Who Infested the China Sea from 1807
to 1810
Yung Lun Yuen, London 1831

Ich segle mit chinesischen Piraten
Aleko Lilius, Stuttgart 1932

Immortal Sisters – Secret Teachings of Taoist Women
Thomas Cleary, Berkeley 1989

Material Culture and the Dao – Textiles, Boats, and Zithers in the
Poetry of Yu Xuanji (844-868)
Suzanne Cahill und Harold D. Roth, in: Daoist Identity – History,
Lineage, and Ritual, hrsg. v. Livia Kohn, Honolulu 2002

Narrative of the Captivity and Treatment Amongst the
Ladrones
Richard Glasspoole, in: History of Pirates Who Infested the China
Sea from 1807 to 1810

Notable Women of China
Barbara Bennett Peterson, Armonk 2000

Niedertracht und Ewigkeit – Erzählungen und Essays
Jorge Luis Borges, Frankfurt am Main 2003

Nüren-bu-suan-ren – Chinesische Sprichwörter über das
weibliche Geschlecht
Wan-Hsuan Yao-Weyrauch, Giessen 2006

Passing Under Heaven
Justin Hill, London 2005

Pirates of the South China Coast 1790-1810
Dian H. Murray, Stanford 1987

Poeten und Mörder
Robert van Gulik, Zürich 1988

Popular Religious Sects in Chinese Society
Daniel L. Overmyer, in: Modern China (1981),
153-190

Religionen in China
Florian C. Reiter, München 2002

Sea Queens – Women Pirates Around the World
Jane Yolen, Charlesbridge 2008

She Captains – Heroines and Hellions of the Sea
Joan Druett, New York 2001

Selling Wilted Peonies
Genevieve Wimsatt, New York 1936

Seven Taoist Masters – A Folk Novel of China
Eva Wong (Übers.), Boston 2004

Sex, Law and Society in Late Imperial China
Matthew H. Sommer, Stanford 2000

Sexual Life in Ancient China
Robert van Gulik, Leiden 1974

Sources of Shang History
David N. Keightley, Berkeley 1978

Tang Saier and Yongle – Contested Images of a Rebel Woman
and a Monarch in Ming-Qing Narratives
Pi-ching Hsu, in: Ming Studies 56 (2007), S. 6-36

The Encyclopedia of Taoism
Fabrizio Pregadio (Hrsg.), London 2008

The History of Piracy
Philip Gosse, New York 1934

The Lotus Boat
Marsha L. Wagner, New York 1984

The Poetry of Yü Hsüan-Chi – Translation, Annotation,
Commentary and Critique
Jan W. Walls, Bloomington 1972

The Red Brush – Writing Women of Imperial China
Wilt Idema und Beata Grant, Cambridge 2004

The Teachings and Practices of the Early Quanzhen Taoist
Masters
Stephen Eskildsen, New York 2004

White Lotus Society and the White Lotus Teachings – Reality
and Label
Barend J. ter Haar, Leiden 1990

Willow, Wine, Mirror, Moon - Womens poems from Tang China
Jeanne Larsen, Rorchester 2005

Women in Daoism
Catherine Despeux und Livia Kohn, Cambridge 2003

Women Writers of Traditional China – An Anthology of Poetry
and Criticism
Kang-i Sun Chang und Haun Saussy (Hrsg.), Stanford 1999

Wu – The Chinese Empress who schemed, seduced, and
murdered her way to become a living God
Jonathan Clements, Strond 2007

Wu Zhao – China's Only Woman Emperor
N. Harry Rothschild, New York 2008

Danksagung

Natürlich habe ich zu danken. Zum Beispiel Yang Jun für seine Hilfe bei Übersetzungen und Kulturfragen aller Art. Prof. Dr. Hans Kühner für den Hinweis auf die Geschichte „Die Witwe Tsching" von Jorge Luis Borges, die den Ausgangspunkt für die Spurensuche nach der Piratin Zheng Yi Sao bildete. Meinem taiwanischen Mallehrer Feng Xianmin für seine schroffe Ablehnung von nur Nachgemachtem, was mich in die Freiheit schob, mit traditionellen Mitteln so zu malen, wie es mir passt. Ulla Ziemann für kritisches Manuskriptlesen und die Spuren von Poesie in den übersetzten Gedichten. Diese Spuren sind allein ihr Verdienst. Meiner Verlegerin Sandra Thoms für das Festhalten am Buch auch in schwierigen Zeiten. Und ganz besonders Andrea Mesch, die nicht nur immer und immer wieder meine Entwürfe kritisch las und kommentierte, sondern mich auch unermüdlich aus Sackgassen zog, in die ich mich regelmäßig verlief.

Danke!

↗ http://taiwan.dryas.de/
(Blog der Autorin)

www.ilkaschneider.de

↗ http://taiwan.dryas.de/
(Blog der Autorin)

www.ilkaschneider.de

PEFC/04-31-0880

© Dryas Verlag GbR, Oldenburg
1. Auflage 2011
ISBN 978-3-940855-28-2
Alle Rechte vorbehalten

Texte	Ilka Schneider
Tuschemalerei	Ilka Schneider
Redaktion	Sandra Thoms, Ilka Schneider
Gestaltung	Kerstin Meike Knautz
Herstellung	Kerstin Meike Knautz
Druck und Bindung	Strauss GmbH, Mörlenbach